AF226786

RAPPORT

SUR LES

TRAVAUX DE LA 1re AMBULANCE DU MIDI

RAPPORT

SUR LES

TRAVAUX DE LA 1RE AMBULANCE DU MIDI

ATTACHÉE A LA 3e DIVISION, 20e CORPS D'ARMÉE DE LA LOIRE ET DE L'EST

Par le Dr C. MÉNÉCIER

CHIRURGIEN-MAJOR, ADMINISTRATEUR EN CHEF

Présenté

A M. LE COMTE DE FLAVIGNY

Président de la Société Française de Secours aux blessés militaires

Par M. le MARQUIS DE VILLENEUVE-BARGEMONT,

Délégué régional (Sud-Est)

EXTRAIT DU RAPPORT GÉNÉRAL DU COMITÉ DE MARSEILLE.

MARSEILLE

TYPOGRAPHIE ET LITHOGRAPHIE CAYER ET Cie

Rue Saint-Ferréol, 57.

1872

PREMIÈRE PARTIE

—

I

Historique de la Création de la 1re Ambulance volante du Midi (campagne 1870-1871)

—

Au mois d'août 1870, dans un numéro de notre journal, *le Sud Médical*, faisant appel à la charité publique en faveur de la Société Internationale de secours aux blessés militaires, nous demandions la création d'une *Ambulance volante Marseillaise*.

L'expérience nous avait appris que l'on pouvait compter sur la générosité de nos concitoyens ainsi que sur le dévouement des membres du corps médical : deux éléments indispensables au succès de notre entreprise.

Le Comité Marseillais, qui entrait à peine en fonction, se mit rapidement à l'œuvre et reçut de nombreuses demandes d'enrôlement pour les ambulances volantes et sédentaires. Les dons en nature affluèrent, les souscriptions et les quêtes envahirent sa caisse. Le cadre de l'Ambulance fut bientôt occupé par un personnel d'élite. A ce moment, le Conseil supérieur de la Société de secours siégeant à Paris, sous la présidence de M. le comte de Flavigny, résolut de nous fournir le matériel nécessaire pour nous mettre en campagne et promit de placer à notre tête un chirurgien de la capitale.

Tout était prêt pour le départ, lorsque les événements, qui se succédaient alors avec une rapidité surprenante, vinrent le retarder et faillirent presque faire échouer le projet.

On était en septembre ; Paris, investi, laissait la province sans communication avec le Comité central, demeuré fidèle à son poste au milieu de la capitale assiégée.

Heureusement que, dans une sage prévoyance, la Société avait délégué des membres régionaux pour la représenter et continuer ainsi son œuvre. M. le marquis de Villeneuve-Bargemont fut, dans le Sud-Est, notre délégué régional. Le Comité reçut sa visite ; ses travaux l'intéressèrent vivement et, dès lors, nous le vîmes sans cesse, de loin ou de près, encourager et soutenir l'œuvre commune au milieu de cette tourmente révolutionnaire qui tenta mille fois de nous briser et de laquelle le Comité de Marseille est sorti plus fort que jamais, grâce à l'énergie et à la persévérance des hommes de cœur qui le composent. — Mais revenons à l'historique intéressant de la création de l'Ambulance volante du Midi.

Le personnel était toujours là prêt au départ, le matériel seul se trouvait bloqué dans Paris. Un instant, M. de Villeneuve crut pouvoir nous céder un fourgon de l'Ambulance Turinoise qui se retirait après la reddition de Sedan. — Il ne le put. — Le Comité de Marseille n'hésita plus, il se mit résolument à l'œuvre et créa lui-même, d'après les modèles de Paris et de Lyon, le matériel nécessaire. — Le choix d'un chirurgien en chef fut cependant réservé jusqu'au dernier moment. — Voulant rendre hommage à la Faculté de Montpellier, dont nous étions à peu près tous les disciples, une démarche fut faite auprès de plusieurs agrégés. M. Jaquemet, qui avait accepté en principe, se retira devant des considérations imprévues. Le docteur Sabatier nous accorda son concours, quelques confrères et élèves de l'Ecole le suivirent et vinrent ainsi grossir nos rangs.

Ces nouveaux membres, en se plaçant sous le patronnage du Comité de Marseille, acceptèrent d'apporter une mise de fonds qui l'on versa à la caisse de l'Ambulance qui, dès ce jour, fut dénommée *1ʳᵉ Ambulance du Midi* (Marseille, Montpellier),

Le départ fut fixé fin octobre.

La dernière semaine se passa en conférence où tous les majors de l'ambulance se trouvaient réunis aux membres du Conseil.

Nous discutâmes ainsi en commun des derniers préparatifs. Dans l'une de ces séances, on admit en principe que les membres de l'Ambulance, appelés à faire la charité avec les fonds versés pour les blessés, ne recevraient qn'une très faible rétribution à laquelle, d'ailleurs, ils renoncèrent bientôt. Pendant toute la durée de la guerre, *l'administrateur en chef, les chirurgiens et les intendants* ne reçurent aucun traitement. Exception fut faite pourles infirmiers qui, la plupart sans fortune et mariés, ont touché, à titre d'indemnité, 40 francs parmois.

Au départ de Marseille, le personnel inscrit sur nos cadres était le suivant; mais il y eut bientôt des modifications importantes réclamées, les unes, par la pratique, les autres par les événements ; nous les signalerons au fur et à mesure qu'elles se présenteront dans le cours de ce récit.

Administrateur en chef.

M. le docteur A.-P. Olive, de Marseille, président du Comité.

Chirurgien en chef.

M. le docteur Sabatier, agrégé de Montpellier.

Chirurgiens-majors.

MM. le docteur C. Ménécier de Marseille, chirurgien du Dispensaire Central, ex-secrétaire-général du Comité Médical des Bouches-du-Rhône, rédacteur en chef du *Sud médical;* le docteur Court de Marseille, médecin du Bureau de bienfaisance ; le docteur Leenhardt, chef de clinique à Montpellier.

Pharmaciens en chef.

MM. le docteur Planchon, professeur à l'Ecole de pharmacie de Paris; Protat, ex-pharmacien de la marine.

Aides-majors.

MM. Pizot, Bouillan, Hérail, De la Javie, Lassale, Meffre, Monnoyer, Pailléres, Salle, Sève.

Sous-aides-majors.

MM. Béchamp, Aube, Barthélemy, Espanet, Gazan, Girard, Hugues, Lafloux, Mercier, Petit.

Aumôniers.

Catholique, le P. Astier ; protestant, le pasteur Cadiot.

Comptables.

MM. Richard, Auguste Guien, Coulan.

Infirmiers.

MM. Argeliez père, Argeliez fils, Bardèche, Canard, Fège, Eyssautier, Mangin, Mathieu, Pascal, Saunier, et Villeprant (1).

(1) MM. les docteurs Peyron, trésorier du Comité de Marseille, et E. Maurin, secrétaire-général, devaient accourir à notre aide au premier appel et formaient le corps de réserve des chirurgiens-majors, administrateurs. Leur [présence actuelle à Marseille était indispensable dans l'intérêt de l'œuvre.

Historique de la 1re Ambulance du Midi en campagne

Le 29 octobre 1870, à dix heures du soir, la première Ambulance du Midi partait pour rejoindre l'armée de l'Est. Sur son parcours, de la rue de la République à la gare, elle fut acclamée par la population empressée sur son passage.

Ce fut une véritable ovation à laquelle rien ne manqua.

Les honneurs militaires nous furent rendus par la garde nationale et la garde urbaine suivies de leur musique.

Les délégués des Comités de secours des villes et départements voisins nous firent l'honneur de se rendre à Marseille pour se joindre au cortège.

Au dernier moment, un magnifique drapeau brodé fut offert à l'Ambulance par les citoyennes marseillaises.

Enfin, les dames patronnesses du Comité dirigèrent une collecte qui fut très fructueuse.

En l'absence de M. de Villeneuve-Bargemont, M. de Billy s'était empressé d'accourir présider à tous les détails de la dernière heure et aux formalités indispensables qui devaient compléter d'accréditer l'Ambulance auprès des deux parties belligérantes.

La première étape fut Lyon ; pendant les vingt-quatre heures passées dans cette ville, on compléta le matériel de l'Ambulance en achetant une nouvelle voiture pour le transport des objets de pansement. Nous recueillîmes en même temps des indications précises sur la position et les mouvements de l'armée.

Nos troupes avaient abandonné les Vosges, l'ennemi occupait déjà Dijon, Metz venait de capituler, nos corps francs se repliaient dans le plus grand désordre. Cependant les chefs cherchaient à rallier les troupes ; une grande concentration de forces se faisait à Chagny, tête de ligne pour la vallée de la Saône et le Creuzot ; les travaux de défense y étaient poussés activement.

La lutte pouvait s'engager d'un moment à l'autre sur ce point ; notre Ambulance fut se fixer à Fontaines-lès-Chalons, près de Chagny, se préparant aux événements. M. le docteur Olive, président du Comité Marseillais, s'était mis à notre tête et administrait en chef l'Ambulance. Vous n'hésiterez pas à nous croire, vous, Messieurs, qui connaissez notre collègue, lorsque je vous dirai qu'il apporta un zèle inoui à rassembler les ressources dont nous disposions ou que s'empressait d'offrir la population, à créer une ambulance sédentaire type.

Il est vrai que chacun prit à tâche de le seconder; l'Ambulance trouva dans Fontaines, au château de M. Berthod, propriétaire des plus généreux de cette contrée hospitalière entre toutes, pharmacie, cuisine, écurie, lingerie, place pour plus de vingt blessés dans des chambres très confortables, et logement de notre état-major.

La salle d'asile des filles nous fut généreusement offerte et transformée en ambulance contenant plus de trente lits, dont les sœurs de Saint-Vincent-de-Paul devaient prendre soin avec le zèle charitable qui les place au dessus de tout éloge. Grâce au concours empressé de M. le maire, de M. le curé et des habitants, nous eûmes rapidement plus de 100 lits montés et disposés à recevoir immédiatement des blessés, sans compter tous les vastes locaux où l'on aurait pu improviser de grandes salles d'ambulance.

L'installation de l'Ambulance à Fontaines ne laissait plus rien à désirer, lorsque le docteur Olive fut rappelé subitement dans ses foyers par la maladie de son fils unique. Malheureusement notre confrère, atteint subitement à son tour d'une grave maladie contractée à la suite des fatigues et des émotions que nous subissions tous depuis longtemps, ne put nous rejoindre, comme il l'avait espéré.

La création des ambulances sédentaires à Marseille le retint définitivement. Cette séparation fut d'autant plus pénible qu'elle nous privait d'un excellent administrateur et d'un bon camarade.

En nous quittant, notre collègue nous laissait seul, représentant officiel du Comité marseillais. Nous fûmes chargé de le remplacer, et, dès ce jour jusqu'à la fin de la campagne, nous avons rempli les fonctions d'administrateur en chef de l'Ambulance. En acceptant la haute direction de l'Ambulance, nous ne nous étions point dissimulé toutes les difficultés de cette nouvelle position; mais, entouré d'amis et de collègues sympathiques, nous comptions sur leur concours, qui ne nous a point fait défaut.

Pendant notre court séjour à Fontaines, trois autres membres de l'Ambulance se séparèrent de nous pour des motifs différents ; ce furent MM. De la Javie et Meffre, aides-majors ; Hugues, sous-aide-major. D'autre part, quelques personnes sollicitaient de se joindre à nous. Nous acceptâmes le concours de M. le comte de Gommignies, qui fut non seulement un aide, mais un bienfaiteur pour l'Ambulance, à laquelle il fit plusieurs dons.

Ces divers changements dans le personnel médical et administratif firent que l'Ambulance se trouva à ce moment constituée de la manière suivante :

Chirurgien major et administrateur en chef.

Docteur Charles MÉNÉCIER, chirurgien du Dispensaire central, ex-secrétaire général du Comité médical des Bouches-du-Rhône, rédacteur en chef du *Sud médical.*

Chirurgien en chef.

Docteur SABATIER, professeur agrégé et ex-chef des travaux anatomiques de la Faculté de Montpellier.

Chirurgiens majors.

MM. les docteurs COURT, médecin du Bureau de bienfaisance; LEENHARDT, chef de clinique chirurgicale à Montpellier.

Pharmaciens en chef.

Docteur PLANCHON, professeur à l'Ecole de pharmacie de Paris; M. PROTAT, ex-pharmacien de la marine.

Aides-majors.

MM. PIZOT, BOUILLAN, HERAIL, LASSALE, MONOYER, PAILLÈRE, SALLES, SÈVE.

Sous-aides-majors.

MM. BÉCHAMP, AUBE, BARTHÉLEMY, ESPANET, GAZAN, GIRARD, LAFLOUX, MERCIER, PETIT.

Aumôniers.

Catholique, le P. Astier; Protestant, le pasteur Cadiot.

Intendants et comptables.

MM. Guien (Auguste), Coulan, Richard.

Infirmiers.

MM. Argeliez père (chef), Argeliez fils, Bardèche, Canard, Fège, Eyssautier, Mangin, Mathieu, Pascal, Saunier, Villeprend.

Cependant, dès le 12 novembre, une grande armée était concentrée à Chagny et dans la plaine où elle campait. Déjà l'hôpital de la localité ne pouvait suffire à contenir tous les malades que la saison engendrait.

Nous organisâmes des visites à travers le camp, qui produisirent un effet moral des plus salutaires sur nos soldats. Notre aumônier catholique, le Père Astier, ainsi que M. Cadiot, ministre protestant, parcouraient aussi les campements où leur parole consolatrice fut souvent recherchée de nos jeunes soldats.

Le général Crouzat venait de prendre le commandement du 20me corps d'armée, l'Ambulance du Midi lui offrit ses services qu'il accepta. Nous nous trouvâmes dès ce jour (14 novembre) officiellement attaché à la 3me division (général Sé-

gard), du 20me corps (armée de la Loire), que nous
avons desservi gratuitement jusqu'à la fin de la
guerre.

Notre corps d'armée une fois réorganisé, grâce
à l'application d'une discipline sévère, dut quitter Chagny, pour descendre rapidement la rive
droite de la Loire et monter ensuite vers Pithi-
viers, en couvrant Orléans, qui avait été repris à
l'ennemi. Ce mouvement ascendant était combiné,
disait-on, avec une sortie de Paris sur la Marne.
Les lignes ferrées étaient tellement encombrées,
qu'il nous fallut renoncer à profiter des voies rapides et force nous fut de suivre la division
d'étape en étape.

Au 16 novembre, l'Ambulance du Midi entrait,
on le sait, réellement en campagne, et jusqu'à la fin
de cette terrible et lamentable lutte, où sans cesse
la fortune a trahi nos armes, nous avons partagé
les fatigues de nos malheureux soldats.

Passant par Autun et Nevers, l'Ambulance,
après quelques rudes marches à pied, où elle
reçut la pluie pendant des journées entières, arriva à Gien.

Pour la première fois, elle dut camper avec les
troupes et goûter à la viande de cheval, dont sa
cuisine venait d'être amplement pourvue à la suite
d'un accident survenu à l'une des bêtes de trait.

Il était 9 heures du soir; le général avait or-
donné d'être prêts à le suivre dans une reconnaissance offensive. Tout le monde succombait à
la fatigue, car depuis six jours on était en route;

un appel à la bonne volonté de quelques-uns, nous permit de satisfaire aux exigences du service. Une grande partie du personnel fut, avec le chirurgien en chef, prendre le repos indispensable, tandis que, assisté du chirurgien-major Court, de quelques aides et suivi d'un fourgon, nous demeurions à la disposition du général. Toutefois nous passâmes la nuit et la journée du lendemain sans autre alerte.

Le 22, l'Ambulance se remit en marche à la suite de la division qui avançait rapidement pour occuper les bois situés à l'Est d'Orléans.

On entendait gronder le canon sans pouvoir bien apprécier le point où la lutte s'engageait. Deux voitures requises à Gien avec deux nouveaux cochers, Hilaire et Louis Touzeau, nous avaient permis d'alléger nos fourgons qui suivaient ainsi plus facilement.

Nos soldats commençaient à ressentir une grande fatigue de ces marches longues et pénibles; les traînards devenaient plus nombreux, on en rencontrait s'arrêtant sur les bords des fossés ou attardés dans les fermes. Tout notre personnel fut occupé à les panser ou à distribuer des médicaments.

Nous plaçons à tour de rôle sur nos voitures les soldats fatigués. Nous recueillons les malades que l'on dépose, en passant, à l'hôpital d'Auzouer.

Arrivés non sans difficulté à Chatenoy, après avoir franchi les bois par des routes que le génie a coupés et où l'artillerie a creusé de profonds sillons, le général nous fait donner des chevaux de remonte, sans lesquels nous ne pourrions déjà plus avancer.

Pendant la nuit du 23 novembre, le 20me corps rentre à Bellegarde. Un lancier, qui nous est envoyé par l'état-major, nous annonce que la troisième division vient de s'engager avec les avant-postes prussiens dans la direction de Ladon, en avant même de Bellegarde.

Nous nous élançons pour lui porter nos soins.

Le docteur Maurin, accompagné de M. Jacques Guien, est arrivé quelques heures auparavant avec un ravitaillement considérable, que lui a confié le Comité Marseillais, plein d'une charitable prévoyance pour nos blessés ; il a suivi nos traces depuis Chagny à travers des difficultés de locomotion inouies qu'il a su vaincre ; sa présence au milieu de nous est une double bonne fortune. Actif et bon organisateur, nous lui abandonnons un instant le soin de choisir les premiers locaux d'ambulance à Bellegarde, avec le concours de notre intelligent confrère, le docteur Court, secondé par nos intendants Auguste Guien, Jacques Guien, Coulant, Richard et Petit. Pendant ce temps, nous plaçant à la tête de nos fourgons et d'un convoi de 17 voitures de réquisition, nous arrivons au grand trot de nos chevaux sur le champ de bataille ; plusieurs aides et sous-aides-majors, ainsi que des brancardiers nous accompagnent.

Le chirurgien en chef, ainsi que le docteur Planchon, nous rejoignent bientôt.

Tous nous voyons le feu pour la première fois; mais l'élan des troupes est si admirable que nous nous laissons entraîner facilement par elles. Fran-.chissant les batteries et le front de bataille, nous entrons dans la ligne de tirailleurs où nous relevons les blessés malgré les balles qui sifflent autour de nous et atteignent nos voitures. Notre général, voyant l'Ambulance s'engager ainsi, nous fait intimer l'ordre d'avoir à nous retirer derrière les batteries dont nous gênons d'ailleurs le tir.

En revenant sur le front de bataille, notre aumônier catholique s'élance en avant des bataillons et leur donne l'absolution sous le feu de l'ennemi.

Quelques heures après cette imposante cérémonie, Ladon nous appartenait et nous rentrions à Bellegarde, où tous nos blessés avaient été transportés et logés très confortablement.

L'Ambulance du Midi avait installé 9 services dans Bellegarde.

Pour les blessés :

Service de l'école des garçons , Dr Court.
   »   du Télégraphe , Dr Leenhardt.
   »   de l'hôtellerie Bouchet, Dr Maurin.
   »   de la maison Picard,   ⎫ Dr MÉNÉCIER.
   »   »   »   Deslandes,⎭
   »   du château Galopin (salle d'off.), Dr SABATIER

Pour les fiévreux :

Service de la grange (du château),
    »   de la maison Grivot,   } Dr Maurin.
    »   de la salle Thiercelin (officiers),

Notre pharmacien Protat dirigeait l'officine du docteur Tartarin , mise obligeamment à notre disposition. M. le docteur Planchon surveillait les évacuations de malades et secondait le Dr Leenhardt.

Nous ne saurions avoir oublié le zèle avec lequel notre pasteur protestant, M. Cadiot, visitait ses coreligionnaires prussiens blessés , leur servait de secrétaire et calmait leur esprit, souvent affolé par les *racontars* de leurs chefs, qui représentaient les Français, au yeux de leurs soldats, comme étant des Vandales ne faisant aucun quartier aux prisonniers !

Et cette idée était tellement répandue dans l'armée allemande, qu'un docteur hanovrien, fait prisonnier à Ladon, et devenu notre commensal , répondait à nos actes de confraternité par ces paroles : « Vous êtes bien bons pour moi; mais un de ces jours l'ordre viendra de me fusiller, parce que vous ne faites pas de prisonniers. » Quelques jours plus tard, le gouvernement de Bordeaux lui donnait sa liberté, à condition qu'il retournât chez lui par Genève, ne pouvant lui faire traverser les lignes françaises.

Bellegarde était devenu le centre des opérations militaires sur l'extrême droite de la Loire.

Durant dix jours, nous ne cessons de parcourir les champs de bataille de Ladon, Quiers, Fréville, Bois-Commun, Saint-Loup, Mézières, Juranville et enfin Baune-la-Rolande, où plusieurs d'entre nous furent très exposés. Nous eûmes un cheval blessé et une voiture brisée. Il fallut relever les blessés à travers bois, par des chemins couverts de neige, boueux et défoncés, et avec une température de quatorze à seize degrés centigrades.

La nuit, le service présentait des difficultés inouïes jointes à un danger permanent.

Après le combat de Baune-la-Rolande, nos neuf ambulances de Bellegarde étant surchargées de malades ; nous dûmes faire, la nuit, avec un long convoi de charrettes pleines de blessés, une évacuation sur Quiers, situé à quatre kilomètres. Grâce à l'obligeance du général, nous disposâmes d'une partie du château qu'il occupait et nous dressâmes une nouvelle ambulance.

Pendant leur séjour à Bellegarde, nos troupes, quoique victorieuses, éprouvèrent des pertes sensibles. Il entra dans nos seules ambulances cinq cent soixante-un blessés que l'on évacuait, au fur et à mesure, sur Orléans, Châteauneuf, Sully et Gien. Un de nos aides-majors accompagnait toujours ces convois.

Le 30 décembre, au lendemain du combat de Baune-la-Rolande, où périt si malheureusement le

3ᵐᵉ zouaves, la joie qui, depuis une semaine , remplissait tous les cœurs , fit place à une angoisse terrible ; en effet, on apprenait subitement que l'ennemi débordait notre aile gauche. La fatale nouvelle à peine connue, nous vîmes nos troupes se replier et gagner la lisière des bois situés en avant d'Orléans. Il fut aussi question, pour nous, d'évacuer Bellegarde ; mais nos ambulances étaient pleines de blessés qui réclamaient de grands soins ou des opérations immédiates.

L'Intendance nous favorisa le départ de quelques malades ; mais plutôt que d'abandonner les malheureux blessés, nous décidâmes de diviser le personnel de l'Ambulance. Une partie dut, avec le major en chef, suivre immédiatement le 20ᵉ corps à Combreux, tandis que, avec l'autre moitié, nous demeurions attaché au premier poste.

Le docteur Court ne voulut point nous quitter et préféra, comme nous, courir les chances d'un bombardement dont Bellegarde se trouvait si souvent menacé. Notre collègue, le docteur Maurin, ayant accompli la mission que lui avait confiée le Comité, nous laissa (28 novembre) pour rentrer immédiatement à Marseille , où il est resté pour l'installation des Ambulances sédentaires. Voici, d'ailleurs, la composition de l'escouade qui demeura auprès des blessés de Bellegarde avec nous :

Docteur C. Ménécier : chirurgien major, administrateur en chef.

Docteur Court : chirurgien major.
M. Protat : pharmacien en chef.

Chirurgiens aides-majors.

MM. Bouillan, Herail, Monoyer, Paillère, Pizot, Sèves.

Chirurgien sous-aide-major.

M. Aube.

Intendant en chef.

M. Guien (Auguste).

Comptables.

MM. Guien (Jacques), Richard.

Infirmiers.

MM. Argeliez père (Chef), Argeliez fils, Canard, Louis Touzeau.

Une fois seul à la tête de cette escouade, il fallut prendre la suïte des services précédemment confiés aux majors Leenhardt, Maurin et Sabatier, et procéder aux opérations chirurgicales les plus urgentes. Notre collègue et ami, le docteur Court, obligé de s'aliter, nous confia, deux jours plus tard, ses blessés; son mal s'aggravant, il partit en congé temporaire.

Au milieu des fatigues que nous imposaient nos

doubles fonctions d'Administrateur en chef et de chirurgien-major, nous fûmes admirablement secondé, dans le service médical, par M. Protat, pharmacien-major, et tous nos aides et sous-aides, MM. Paillère, Pizot, Sève, Boulian, Monoyer, Aube. Pendant quarante-huit heures, ils nous prêtèrent un concours des plus habiles dans les grandes opérations que nous eûmes à pratiquer. Pendant ce temps, le côté administratif, confié à nos deux intendants, MM. A. Guien et J. Guien, ne souffrit aucunement, grâce à leur intelligent dévouement.

Bellegarde demeura libre encore quelques jours; on put ainsi continuer des soins assidus à tous les opérés qui, plus tard, furent évacués dans de bonnes conditions, malgré un froid toujours plus vif (— 16° degrés).

Lorsque nous quittâmes Bellegarde, le 4 décembre 1870, déjà, du haut des tourelles du château, l'on apercevait, dans la campagne, les coureurs prussiens. Arrivés à Châteauneuf, où le vent soufflait avec violence, nous pûmes, à grand'peine, trouver un abri pour nous et nos chevaux.

On reposait depuis deux heures environ dans l'une des salles de la Mairie, lorsqu'on nous annonça qu'il fallait partir en toute hâte. Orléans venait d'être repris sans coup férir, les divisions traversaient la Loire à Jarjeau et à Sully ; l'Ambulance suivit la même direction. Notre fatigue à tous était bien grande ; après plusieurs nuits passées sans sommeil à Bellegarde, nous doublâmes cependant l'étape (60 kilomètres) pour aller prendre un peu de repos à Cerdon.

Dans ce parcours, la section Sabatier nous rallia, grâce au dévouement du major Leenhardt qui, accompagné de l'aide-major Pizot, s'était détaché en avant et nous avait rejoints à Sully.

Cette retraite d'Orléans fut pour l'Ambulance, comme pour nos soldats, le commencement de maux et de misères sans nombre qui nous poursuivirent jusqu'à l'issue de cette triste campagne.

Le froid était devenu d'une intensité si grande qu'à un moment donné, le vin se congela dans nos gourdes de voyage et les fit éclater. Nos bidons de pharmacie subirent le même sort. Pendant les étapes, nous n'étions plus occupés qu'à panser des pieds gelés où à ranimer les forces des soldats, en leur distribuant du vin, du café et des aliments dont quelques-uns ont parfois manqué.

L'Ambulance arriva donc, après des marches très pénibles, devant Bourges, où il nous fut donné d'assister à un spectacle des plus douloureux, celui du défilé de notre artillerie surprise, dit-on, la veille à Salbris. La vue de ces hommes et de ces chevaux blessés, couverts de boue, les fourgons démontés, les batteries incomplètes, acheva de nous briser le cœur.

Nous entrâmes dans Bourges, où les habitants nous accueillirent avec beaucoup de sympathie. L'hospitalité nous fut accordée, très large d'une part, dans la maison des Pères Jésuites, transformée en ambulance.

Les secours aux blessés abondaient dans Bourges. Le séjour que nous pouvions y faire était subordonné à la décision que devait prendre le nouveau commandant en chef, le général Bourbaki.

Nos soldats, abîmés par des marches forcées, mal vêtus, mal nourris, refusaient de se battre. Quelques jours furent employés à soulager leur misère et à rétablir la discipline. Nous utilisâmes ce temps de repos à réapprovisionner nos fourgons et distribuer à notre personnel des vêtements d'hiver. Plusieurs membres de l'Ambulance qui, pour des motifs différents, demandaient à rentrer dans leurs foyers, reçurent des congés : MM. Gazan, sous-aide-major; Richard, comptable; Pascal, Eyssautier, Villeprend, infirmiers.

Cependant notre armée ne tarda pas à se remettre en marche ; le personnel de l'Ambulance resta divisé comme précédemment. Le docteur Sabatier suivit la 3ᵉ division et descendit, par Nevers, jusqu'à Fontaine, tandis que nous allions nous installer, avec des malades et des blessés du 20ᵉ corps, à Dun-le-Roi. Le major Leenhardt, en passant avec la division à Saint-Just, soigna, dans l'ambulance du château, quelques malades qu'il nous évacua.

L'installation de l'Ambulance à Dun-le-Roi ne se fit pas sans difficultés ; nous vînmes nous heurter, le croira-t-on, en ces temps de charité et de dévoûment , contre un maire de fraîche date qui prit plaisir à soulever contre nous des difficultés administratives, dont notre sous-intendant, M. Guien , Jacques , eut cependant raison. Fort heureusement, nous trouvions chez les habitants une plus grande sympathie et des auxiliaires puissants et intelligents en M. le curé Louis de Busserolles et M. le docteur Vigouroux. Nos braves malades furent installés très confortablement dans la salle d'Asile ; l'hôtel Margot nous fut offert pour les officiers ; une maison voisine servit à loger les soldats atteints de maladies parasitaires, galeux et autres ; enfin, notre confrère, le docteur Vigouroux, voulut prendre à ses soins dans un service à l'hôpital tous les varioleux déjà fort nombreux à cette époque. Notre Ambulance eut à traiter là quelques blessures légères, des pieds gelés et surtout des diarrhées et de nombreuses affections de poitrine, depuis le simple rhume jusqu'à la pleuro-pneumonie. Le nombre des malades s'éleva jusqu'à soixante-trois en quelques heures ; nous n'eûmes de décès que chez les varioleux.

Pendant notre séjour à Dun-le-Roi, nous nous étions assurés de quelques établissements où nous aurions pu diriger les blessés, si l'ennemi nous avait inquiétés plus longtemps dans notre mouvement de retraite. Le splendide château de Meillan, ce chef-d'œuvre d'architecture, avait été mis à notre disposition par M. le comte de Morte-

mart, allié du marquis La Rochefoucault, chez qui
les blessés de l'Ambulance avaient déjà reçu l'hospitalité à Combreux. M*** nous offrit à Bussy des linges à pansements, des draps et du bois à chauffer,
dont nous avions un si grand besoin pour combat-
tre les rigueurs de la saison.

A Dun-le-Roi succomba, par suite des fatigues,
notre infirmier Mangin, brave et vieux soldat, engagé volontaire dans nos rangs.

Le 1er décembre, l'Ambulance prit la route de
Fontaine-les-Châlons, où les deux sections se trouvèrent de nouveau réunies pendant quelques jours.

Nous renonçons à décrire les souffrances que
nous dûmes endurer pendant cette nouvelle traversée où le thermomètre descendit jusqu'à — 22°
centigrades.

Les troupes cantonnées à Fontaine y avaient
laissé bien des malades que nous trouvâmes couchés dans les locaux mis une première fois à notre
disposition. Malgré toutes nos fatigues, nous ins-
tallâmes aussitôt plusieurs services.

La bonne sœur supérieure de l'Ecole des filles
hospitalisait plus de 30 soldats dans des salles très
appropriées à cet usage. M. Berthod, admirablement
secondé par Mme Berthod dans la tâche géné-
reuse qu'il s'était imposée en faveur des blessés,
avait recueilli dans son château plusieurs militaires, officiers, qni étaient l'objet de sa très grande
sollicitude. Nos aides-majors visitaient les malades

ou blessés disséminés dans les maisons de toute la localité. Le passage des troupes avait doté le pays d'une épidémie de variole ; deux d'entre nous en furent atteints. Mitanché fils, notre brave infirmier, requis à Bourges, guérit assez vite , tandis que notre aide-major, M. Lasalle, le plus dévoué, succomba au douzième jour de l'éruption. Dans ce triste évènement, M. le curé de Fontaine se montra d'un très grand désintéressement ; nous ne saurions l'oublier. M. le maire Jacotot a droit aussi à notre plus vive reconnaissance.

De Fontaine , confiant quarante-huit heures la direction de l'Ambulance au major Protat , nous descendîmes rapidement à Marseille faire part au Comité Marseillais de nos travaux jusqu'à ce jour , et demander des subsides en argent et en vêtements chauds, si nécessaires à nos blessés. Le Comité se rendit à nos désirs et nous confia tout un vagon renfermant des subsistances alimentaires, des médicaments et des vêtements de laine. Une grande partie de ces objets , nous le dirons bientôt, fut utilisée très à propos par la section de l'Ambulance qui se dirigeait en avant et qui demeura prisonnière à l'Isle-sur-le-Doubs.

De retour à Fontaine, nous pûmes évacuer en quelques jours nos derniers blessés. Une fois libre, l'Ambulance, sur une dépêche du docteur Planchon, prit la direction de Villersexel et Sainte-Marie où notre division venait d'être engagée.

Nous nous rapprochions ainsi de la section dirigée par le major Leonhardt, en l'absence de notre confrère Sabatier qu'une indisposition retenait momentanément à Montpellier.

Le sort des armes ne permit point à nos deux sections de se réunir. Partis de Fontaine le 15 janvier, nous n'arrivâmes à Besançon que le 18, à cause de l'encombrement de la ligne ferrée. Là nous apprîmes que le docteur Sabatier, qui avait rejoint sa section à Sainte-Marie, se trouvait à court de vivres pour ses blessés de l'Isle-sur-le-Doubs. Nous partimes aussitôt, amplement approvisionnés, pour leur prêter un concours actif.

Après des accidents sans nombre, survenus pendant la route, nos aides-majors, Sèves et Foltz, déposèrent entre les mains de M. Barthélemy, intendant de la section Sabatier, plusieurs caisses renfermant des vivres et des objets de pansement, provenant du Comité Marseillais.

Pendant ce trajet, de Besançon à l'Isle-sur-le-Doubs, nous assistâmes au mouvement de retraite que commençait à effectuer notre armée; malgré tout, nous n'en persévérâmes pas moins à pousser en avant jusqu'à Clerval où nos aides Sève et Foltz avaient ordre exprès de rejoindre et d'attendre. Pour pénétrer dans Clerval ce fut assez laborieux : l'artillerie, une artillerie formidable et nombreuse, encombrait toutes les avenues; les hangars de la gare étaient remplis de blessés. Un établissement considérable renfermait à lui seul près de trois cents varioleux. Les secours étaient fournis par une ambulance internationale (Saône-et-Loire), si nous avons bonne souvenance; nous lui offrîmes notre concours, mais il fallut bientôt renoncer à tout espoir de demeurer si nombreux dans ce milieu où le pain manquait même pour les blessés. Notre division se repliait sur Beaune-les-Dames; nous la rejoignîmes le lendemain matin et, ce même jour, nous rentrions de nouveau à Besançon où notre bonne fortune nous fit rencontrer M. de Billy, délégué du Sud-Ouest de la Société de secours, et M. Cazalis de Fanjoux, qui accouraient à notre secours avec un ravitaillement des plus complets. Malheureusement la panique commençait à se répandre partout et au milieu du désordre qu'elle engendrait à la gare de Besançon, les vagons d'approvisionnement qui nous étaient destinés descendirent avec le matériel vers Lons-le-Saulnier et Lyon. D'autre part, la demande pressante de secours que nous avions faite au Comité Marseillais, trois jours auparavant, n'ayant pas abouti, nous nous trouvâmes dans une situation qui jeta parmi nous un instant de découragement dont nous triomphâmes cependant très vite avec un peu de résolution.

Nos fourgons venaient d'arriver; je m'assurai qu'ils renfermaient un matériel à pansements et médicaments en quantité suffisante pour tenir campagne pendant plus d'une semaine. Les vivres seuls manquaient et Besançon en était presque dépourvu. Nos ressources en argent ne pouvaient suffire à de grandes dépenses ; nous résolûmes de sortir de Besançon et d'aller camper en dehors des fortifications, au milieu de nos soldats.

Notre résolution fut communiquée à M. de Billy qui l'approuva complètement, les secours médicaux dont Besançon pouvait disposer étant plus que suffisants.

MM. de Billy et de Cazalis nous serrèrent la main et prirent la route de Lyon par les Salins, tandis que, après avoir reçu les ordres du général Segard, l'Ambulance se dirigeait sur Ornans. Nous sortîmes de Besançon n'ayant pas même du pain dans nos fourgons, lorsque arriva de Marseille, où il était en congé de convalescence de quelques jours, notre plus jeune mais infatigable sous-aide major, M. Félix Aube. Providentiellement, il apportait avec lui, comme don particulier d'une mère de famille à son fils, engagé volontaire dans l'Ambulance du Midi, quinze kilogrammes de chocolat qui furent immédiatement distribués. Ce secours inespéré nous permit de supporter plus facilement le régime, par trop diététique, auquel nos estomacs durent se soumettre pendant plusieurs jours. La traversée de Besançon à Ornans s'effectua très lentement à cause des glaces, sur une route dont les rampes devenaient de plus en plus fortes et nous obligeaient à pousser aux roues de nos fourgons que les chevaux faisaient avancer avec grande difficulté. Arrivée à Ornans, l'armée avait perdu tout espoir de gagner Lyon. Après un repos de quelques heures, sur les ordres du capitaine Mallet, de l'état-major, il fallut, dès le jour, se remettre en marche et gagner Pontarlier. Nous n'avions encore rien enduré de plus terrible que le froid et les fatigues de cette nouvelle journée, une des plus meurtrières pour nos soldats.

L'ennemi nous harcelait sans cesse, et avec lui la température (— 18° centigrades), plus cruelle et plus impitoyable que les balles.

Une heure seulement avant la nuit, nous atteignîmes le plateau des montagnes. A ce moment, le vent soufflait violemment, la neige qui tombait avec abondance ne permettait plus de distinguer la route. Soldats et voitures en passant sur cette immense nappe blanche y ouvraient une large tranchée bordée de murs de neige, s'élevant en bien d'endroits à 50 et 80 centimètres. Au milieu de cette triste retraite qui s'effectuait au bruit sinistre de la fusillade et du canon, la présence d'une Ambulance internationale, avec un personnel nombreux, aguerri et muni de tous les secours possibles, produisait un effet moral des plus satisfaisants sur nos malheureux soldats, exténués de privations de toutes sortes. Combien d'entre eux, artilleurs, cavaliers et convoyeurs, roidis par le froid et tombant sous les pieds de leurs montures ou sous les roues de leurs fourgons, ne nous doivent-ils d'avoir conservé un membre fracturé! Que de blessés, que de soldats engourdis par le froid auraient, sans un secours immédiat, succombé dans les neiges de ces montagnes.

C'est pendant cette étape que nous nous croisâmes avec M. de Villeneuve-Bargemont, délégué de la Société Internationale de secours aux blessés près le ministère de la guerre, qui nous rejoignit bientôt à Pontarlier.

Il était neuf heures du soir lorsque l'Ambulance entra dans cette ville avec les premières divisions. Elle trouva chez les habitants une hospitalité des plus généreuses, que réclamait impérieusement l'état misérable dans lequel nous nous trouvions à la suite des privations et des fatigues que nous venions d'endurer.

Après une nuit de repos, devenue si nécessaire, tout le personnel d'ambulance fut réuni et nous assignâmes à chacun le poste qu'il devait immédiatement occuper.

Les secours médicaux étaient des plus insuffisants à notre arrivée dans Pontarlier. A l'exception de l'hôpital, où se trouvait déjà très occupé à donner ses soins à près de quatre à cinq cents militaires, le médecin de la localité, le docteur....... dont nous avons perdu le nom, il n'y avait rien de préparé pour recevoir les nombreux malades de notre armée. Sur une réquisition de M. le Maire, l'hôpital nous fut cédé. Dès le soir et jours suivants, cet établissement dut abriter plus de onze cents malades. Chaque lit recevait deux malades, dont l'un avait quelquefois la petite vérole. Le parquet servait de couche aux plus fatigués; Les corridors, garnis de paille, servaient d'abris aux pieds gelés. Notre ambulance, seule, au milieu de tant de malheureux, suffisait difficilement à les secourir, en consacrant aux visites toute la journée et une grande partie de la nuit.

C'est à ce moment que nous rejoignit M. de Villeneuve-Bargemont, accompagné de MM. de Gonet et de Balaresque. Ces messieurs nous apportèrent de véritables richesses en approvisionnements de tous genres pour l'armée ; car dès ce moment il nous fallut installer non-seulement de nouvelles ambulances pour les malades, mais des secours en aliments pour le plus grand nombre de militaires éloignés de leur intendance.

En quelques heures, une véritable métamorphose s'opéra dans Pontarlier, tous les grands établissements en dehors de l'hôpital, furent requis pour les malades. Immédiatement plus de quatre mille malades trouvèrent un abri dans la vaste maison des Frères et au Collége. Un de nos aides-majors surveillait chacun de ces établissements ; car les premiers jours, l'Ambulance du Midi fut seule à les desservir. Quelques blessés, les plus graves, furent opérés immédiatement ; nous fîmes ainsi vingt-une amputations, soit à l'Hôtel-Dieu, soit à l'Ambulance Saint-Maur ; l'encombrement des malades était si grand et l'atmosphère des salles si peu favorable, que nous dûmes renoncer à aire bénéficier les blessés de la chloroformisation dans les petites opérations ; il fallut aussi les opérer dans les salles communes, au milieu de leurs camarades ; c'était un tableau bien horrible dont nous garderons toujours le souvenir. D'ailleurs, on opérait partout ; nous nous souvenons avoir fait une résection de l'avant-bras chez un officier supérieur, dans une salle de la gare, une heure avant le départ du convoi qui devait l'emmener. Nous fûmes admirablement secondés par nos aides-majors, MM. Sèves et Hérail. Nous ne saurions oublier, comme ayant droit à notre reconnaissance, M. Paillère, aide-major qui, dans les services confiés à ses soins, eut souvent à remplir les fonctions d'administrateur médecin.

Nous succombions tous à l'excès de la fatigue. Le général Clinchant, sur la demande de M. de Villeneuve, pria le chirurgien en chef du quartier-général de nous faire seconder par ses aides. Nous venions d'organiser le service d'évacuation des malades, car il fallait songer à dérober à l'ennemi le plus de soldats possible ; notre personnel ne pouvait suffire.

Les aides-majors du quartier-général, devenus nos auxiliaires, furent employés à poser le diagnostic et à dresser les listes d'évacuation des malades de l'hôpital.

Le même service était établi à la gare du chemin de fer avec MM. Canard et Argelliez père et fils, nos chefs infirmiers. Par nos soins, du bouillon et du pain étaient distribués à tous les soldats avant leur rentrée dans les vagons. M. le marquis de Villeneuve, infatigable lorsqu'il s'agit de faire de la charité, admirablement secondé d'ailleurs par MM. Balaresque et de Gonet, présidait avec nous aux évacuations et s'informait, avec un intérêt tout particulier, des moindres besoins du service des blessés. Le premier train transporta à Aix-les-Bains 100 malades ; un deuxième convoi sur Chambéry, 50 malades ; un deuxième train spécial sur Chambéry, 500 malades ; un troisième train, le lendemain 31 courant, 600 malades, soit 1250 malades évacués par les voies rapides.

De plus, nous remîmes 2,000 bulletins timbrés *Ambulance Internationale du Midi* qui, à la frontière, servaient de *laissez-passer* aux soldats malades et sans armes, qui pouvaient supporter une nouvelle étape malgré les difficultés de la route. Toute l'armée était concentrée dans Pontarlier ou campée dans les environs ; l'ennemi ne paraissait pas vouloir se contenter de la satisfaction de nous avoir ainsi acculés sur la frontière et réduit à l'impuissance, il lui fallait encore notre artillerie et la honte pour nous d'une reddition.

Le 1er février, à onze heures du soir, nos généraux tinrent conseil ; le résultat fut que l'on éviterait à la ville un bombardement, que l'on se retirerait derrière les forts de Joux et que, en cas de nouvelle poursuite, nos soldats ne rendraient les armes qu'à la Suisse. Depuis la veille, deux ambulances internationales, une de Paris (docteur

Pamard), et une de Lyon (docteur Ollier), venaient d'arriver ; les ambulances militaires seules étaient invisibles ou traversaient la ville sans s'y arrêter. Nous cédâmes nos locaux avec un nombre relativement peu considérable de malades aux ambulances de la Société de secours aux blessés et, sur les ordres du général Clinchant, nous suivîmes de nouveau les troupes dans leur mouvement de retraite. M. de Villeneuve nous précédait. M. Balaresque voulut bien faire route avec nous et partager nos peines, durant cette triste traversée de nuit au milieu des glaces (—19°). Nous marchions avec l'artillerie que convoitaient les Prussiens ; aussi pensions-nous être attaqués à chaque instant.

On avançait péniblement; les chevaux roulaient dans les fossés, les précipices, et succombaient ensevelis sous la neige. D'un autre côté, sous le souffle d'une bise glaciale, les hommes tombaient pour ne plus se relever. On était dépourvu de tout. Comme dans notre retraite de la Loire, le café et le vin se congelèrent dans les bidons qui furent perdus ; nos flacons de pharmacie se brisèrent une deuxième fois sous l'étreinte du froid. Il ne nous resta qu'un peu d'alcool et du sucre pour ranimer les forces défaillantes des soldats. Appelés à soulager les autres, nous n'avions, pour soutenir nos propres forces, qu'un peu de malaga au quinquina. Au jour, lorsque le convoi fut attaqué et coupé par l'ennemi, nos voitures venaient seulement de franchir le défilé des forts de Joux, qui protégèrent si efficacement cette retraite.

A quelques pas de là, nous étions sur le terri-
toire de cette Suisse hospitalière qui , dans un
excès de générosité , aurait voulu ravir à notre
ambulance la douce satisfaction de continuer sa
mission auprès des malheureux soldats malades ou
blessés.

Après avoir passé deux journées terribles aux
Verrières Suisses, distribuant aux blessés quelques
secours, hélas ! bien insuffisants à toute cette
armée couchée sur la neige, nous suivîmes M. de
Villeneuve qui accompagnait à Neufchâtel un train
de blessés au milieu desquels se trouvaient plusieurs officiers. Ces officiers reçurent immédiatement l'hospitalité chez M. le vice-consul de France,
où nous leur avons donné les soins que réclamait
la gravité de leurs blessures.

Arrivé à la frontière suisse , nous nous
adressâmes à plusieurs Comités internationaux,
leur demandant des secours pour nos infortunés
soldats de l'armée de l'Est. Dès le même soir, nous
nous informions auprès de toutes les Agences de
secours aux blessés de la situation de l'escouade
de notre ambulance résidant à l'Isle-sur-le-
Doubs. On nous répondit que des subsides importants leur avaient été envoyés de Bâle et qu'ainsi
nous pouvions être rassurés sur son compte ; que ,
d'ailleurs , elle pourrait bientôt se dégager .des
lignes prussiennes, ce qu'elle fit, en effet, une
semaine plus tard.

Voici, d'ailleurs, les renseignements que nous a

fournis M. L. Barthélemy , intendant, nommé par nous, de cette section.

Dès la séparation de l'ambulance à Fontaine , le docteur Leenhardt, en l'absence de M. Sabatier, en congé, avait rapidement dirigé le personnel vers Belfort où la lutte allait s'engager.

Les premiers blessés furent recueillis et pansés à Avilley, non loin des Vosges (Jura), où campaient les troupes du général Ségard. L'ambulance fit ensuite une halte très courte à Cubry, dans le château du duc de Marmier, où se trouvaient quelques blessés.

De là, elle arriva à Villersexel, le soir même de la prise du village. Les blessés y étaient nombreux ; on passa la nuit à leur donner les premiers soins et à les coucher momentanément sur de la paille.

Les vivres manquaient, le village ayant été mis à sac par le passage des Prussiens. L'intendance du 18e corps n'accorda qu'avec grande difficulté du pain et de la viande pour tous les malheureux blessés déposés sur les parquets de la mairie, du bureau des postes et dans quelques maisons particulières. Mais il fallut bientôt évacuer tous les blessés, malgré un froid des plus intenses. La plupart étaient mal vêtus, sans souliers , sans capote; il fallut suppléer à tout cela avec des couvertures et de la paille.

De Villersexel, l'Ambulance se dirigea vers l'Isle-sur-le-Doubs, où elle arriva pour s'y installer définitivement le 14 janvier 1871. M. Sabatier avait rejoint sa section. Admirablement secondé par le major Leenhardt et L. Barthélemy, intendant, les locaux furent bientôt disposés pour placer confortablement, sur des matelas ou de la paille, bon nombre de blessés évacués de Villersexel et d'Arcey, où se trouvait l'ambulance militaire du 24me corps. La Mairie, l'Ecole laïque des garçons, l'Ecole des filles, dirigée par les sœurs de Saint-Vincent-de-Paul, la maison du percepteur, servirent d'ambulance. Dans ces locaux réunis, on put loger, à la fois, près de 250 blessés qui reçurent les soins assidus du chirurgien en chef Sabatier, du major Leenhardt et des docteurs de Seynes, de Montpellier, et Pernot, médecin de la localité.

Mais bientôt l'armée prussienne vint occuper la ville et absorber, en quelques heures, toutes les ressources.

Un instant, les blessés faillirent manquer de vivres. M. L. Barthélemy, en sa qualité d'intendant, dut réclamer aux autorités prussiennes des vivres et le droit permanent de réquisition pour les malades de l'Ambulance. Le commandant des forces prussiennes accorda, avec difficulté, ce que l'on demandait, et délivra des caisses de biscuits français ! Quelques jours plus tard, le Comité de Bâle fit un envoi considérable aux ambulances ; dès lors, toute crainte de disette pour l'avenir disparut complètement ; les rapports entre médecins français et prussiens furent plus fréquents, plus confraternels et la satisfaction fit place à la crainte.

D'ailleurs, dès que les blessés pouvaient supporter le transport, ils étaient évacués sur Montbelliard, ce qui permit à l'Ambulance de se dégager plus rapidement. En dehors des secours médicaux, cette section de l'Ambulance du Midi a rendu des services importants à nos soldats, en suppléant bien des fois les intendances militaires.

Ainsi, on adressait d'Aibre, près d'Héricourt, la dépêche suivante :

« Intendant en chef du 24me corps à chef Ambulance établie à l'Isle, sur le Doubs.

« Nous avons à faire du 24me corps de nombreuses évacuations de blessés sur Clerval. Nous n'avons pas de médecins et d'infirmiers pour les faire accompagner et soigner tous. Veuillez bien donner, au passage, du bouillon, quelques aliments et soins médicaux. Il en passera peut-être 5 à 600 dans la journée, peut-être plus. Me trouverez à Reynans, pour réponse. Signé : A. Perrot. »

Le nombre des blessés ou malades ainsi secourus est très élevé. On ajoutait aux distributions de vivres, les vêtements les plus indispensables, tels que chemises, bas de laine, caleçons, souliers, envoyés par le Comité de Marseille ou le Comité protestant de Montpellier.

Le 9 février, cette section quittait, avec un sauf-conduit, l'Isle-sur-le-Doubs. Comme la nôtre, elle avait souffert beaucoup du froid et des privations de toutes sortes. Elle avait perdu de la petite vérole un de ses infirmiers, Hilaire Godard, serviteur dévoué.

A son arrivée en Suisse, cette partie de l'Ambulance fut licenciée par le chirurgien en chef, qui rentra immédiatement en France, après toutefois avoir offert ses services aux autorités fédérales.

Dès ce jour, nous restions seul, avec notre escouade, en service actif auprès des troupes internées en Suisse.

En arrivant à Neuchatel, à la suite de M. le marquis de Villeneuve-Bargemont, nous offrîmes immédiatement aux autorités notre concours dans les ambulances improvisées à la hâte par le Conseil fédéral.

Le vice-consul de France, M. de Drée, accueillit notre offre avec un grand empressement ; il ouvrit sa maison à plusieurs officiers blessés, que nous soignâmes jusqu'à leur évacuation en France.

En 48 heures, tous les grands établissements de Neuchatel se transformèrent en vaste caserne-hôpital, où soldats malades et valides furent couchés sur un peu de paille.

Les distributions de vivres, vin, pain, bouillon, étaient faites par la population elle-même. C'était un spectacle touchant et admirable que de suivre ces petits enfants et ces excellentes mères bravant le froid glacial de la rue, pour apporter à nos troupes du chocolat, du vin, du bouillon et des cigares. Dans les casernes, la charité s'exerçait avec le même empressement ; on distribuait des vête-ments aux soldats en haillons ; on leur donnait des chaussures, dont la plupart manquaient ; on pansait ensuite leurs mains et leurs pieds gelés.

Les premiers jours, le service médical suisse laissait beaucoup à désirer, et nous pouvons dire, sans crainte d'affaiblir le mérite de nos généreux voisins, que l'on eut tort de ne point accepter à ce moment les services qu'un grand nombre de médecins français des ambulances internationales, avaient offerts.

Malgré les difficultés à triompher de la résistance que nous opposait le Corps médical suisse, qui refusait les docteurs français dans les ambulances, nous n'en résolûmes pas moins de persévérer.

Nous fîmes part à M. de Villeneuve-Bargemont, ainsi qu'au général Clinchant et à M. de Drée (vice-consul de France), de l'intention bien arrêtée que nous avions, de créer et d'ouvrir rapidement une Ambulance fixe dans un local exclusivement français, qui serait desservie par le personnel de l'Ambulance du Midi. Notre projet reçut leur assentiment. Le général Clinchant obtint que l'on nous céderait des blessés. M. de Villeneuve offrit 500 francs pour l'alimentation des premiers malades. Enfin, M. le vice-consul et Mme la comtesse de Drée obtinrent des sœurs hospitalières de Besançon, établies à Neufchatel, qu'elles nous céderaient leur hospice pour y recueillir nos malades. Le docteur Cornetz, médecin de cet établissement, nous céda gracieusement toutes les salles, et nous offrit son concours.

Bientôt la charité stimulant le zèle et le dévouement de chacun, nous eûmes à notre disposition une installation parfaite de plus de 40 lits montés. Les frères de la Doctrine Chrétienne nous cédèrent à leur tour les deux grandes salles de leur école, où 30 malades pouvaient trouver un nouvel abri.

Ces deux établissements nous permirent d'établir notre Ambulance avec des salles distinctes pour le typhus et fièvre typhoïde, les maladies de poitrine et, enfin, les blessés. Rien ne manquait dans l'organisation, pharmacie, lingerie, cuisine, buanderie.

Dès notre entrée en Suisse, nous avions demandé des secours à plusieurs Comités français. Nous vîmes répondre à notre appel, en première ligne et malgré l'éloignement, le Comité de Marseille ; le Comité de Montpellier nous offrit aussi l'envoi qui, une première fois égaré à Besançon, venait d'être retrouvé à Lyon. Mais nous n'eûmes pas à profiter de ces derniers objets qui nous abondèrent.

En effet, MM. les docteurs Olive et Peyron de Marseille s'empressèrent d'accourir à Neuchatel nous offrir leur concours et nous apporter de très grandes provisions en aliments, vêtements et médicaments pour les malades.

Le Comité d'Annecy envoya de même plusieurs colis qui furent accompagnés par notre excellent confrère, le Dr Cailles, et Mme de Menton, une dame des plus charitables qui, accourue auprès de nos soldats pour se consacrer à soulager leur misère, succomba, nous pouvons le dire, martyre de son dévouement.

En quelques jours, l'administration fédérale

avait procédé avec une rapidité et une intelligence remarquables à la distribution et au cantonnement de tous les militaires, dans les villes principales de la Suisse.

Neufchatel n'avait plus qu'un nombre limité de malades. Notre confrère, le docteur Olive, président du Comité de Marseille, après avoir jugé par lui-même des besoins que pouvait réclamer notre installation, rentra en France, promettant de nous expédier un nouveau convoi de provisions, qui arriva en effet sous la surveillance de M. Imer.

Le docteur Peyron demeura quelques jours de plus auprès de nous, prêt à nous seconder dans notre tâche, le major fédéral nous ayant fait prévenir de tenir à sa disposition une petite escouade qui se rendrait à Payerne où l'on signalait la présence de militaires isolés et malades. Toutefois cette attente fut déçue et le docteur Peyron dut à notre grand regret, rentrer, lui aussi, à Marseille. En partant, notre collègue voulut bien se charger du repatriement du matériel roulant devenu inutile (voitures et chevaux des deux sections de l'Ambulance du Midi). Pendant ce temps, le nombre des malades que nous avions à nos soins, dans nos trois ambulances, ayant diminué notablement, nous licenciâmes une partie de notre personnel.

Dès ce jour, notre section se trouva réduite à sept de ses membres, qui, depuis l'entrée en campagne de l'Ambulance du Midi, n'ont jamais cessé d'être sur la brèche ; ce sont :

MM. Ch. Ménécier, chirurgien-major, administra-
teur en chef ;
Hérail, aide-major ;
Paillère, aide-major ;
Aube, sous-aide-major ;
Foltz, sous-aide-major.
A. Guien, intendant en chef ;
Canard, infirmier-major.

Pendant le séjour de l'Ambulance du Midi à Neuchatel, nous avions intéressé à ses travaux le Comité français de secours aux blessés, présidé par Mme la comtesse de Drée, qui en toute circonstance lui a prêté un appui des plus généreux et des plus dévoués.

Grâce au concours des dames patronnesses de ce Comité, dont nous nous plaisons à signaler ici les noms, nos braves militaires retrouvèrent, après un long isolement, ces soins admirables dont les mères seules ont le secret.

Comité Français des Dames patronnesses :

Présidente : Mme la comtesse de Drée.
Secrétaire : Mme Beisson (Julie).
Trésorière : Mme Vuillemont.
Conseillers : MM. du Ledo (Étienne), du Ledo (Hippolyte), Grosetti, Laporte, Mlle Beisson, Beisson (Marie), Klein, Mlle du Terail, Mlle Munger, Limo, Limo (Louise), de Rougemont (Emma).

Nos dames patronnesses ne craignirent point d'affronter les maladies les plus contagieuses, telles que le typhus, la fièvre typhoïde et la petite vérole.

Elles distribuaient elles-mêmes les objets de lingerie, surveillaient la distribution des aliments, procédaient souvent à des pansements, partageant ainsi avec nos aides-majors et les infirmiers les plus rudes labeurs.

D'autres fois, ayant à leur tête Mme la comtesse de Drée, présidente, on les rencontrait faisant la répartition des secours en nature, soit dans les ambulances de Neuchatel, soit dans celles des localités voisines, répandant ainsi leurs bienfaits sur le plus grand nombre de malheureux. D'ailleurs, une fois nos trois services d'ambulances bien établis à Neuchatel, comme nous venons de le dire, d'une part, chez M. le Vice-Consul ; d'autre part, à l'hospice des Sœurs et dans le local des Frères, nous avions songé à étendre nos secours le plus loin possible. A cette seule fin, nous visitâmes nous-même plusieurs cantonnements environnants et fûmes au-devant de nos soldats en marche, leur donner les soins médicaux que leur santé exigeait et leur distribuer, le plus souvent, des vêtements chauds.

C'est dans ce même but charitable que, munis d'un laissez-passer, nous revînmes à Pontarlier, qu'occupaient alors les Prussiens, nous informer des besoins que pouvaient avoir les ambulances qui renfermaient encore des blessés français.

Mme la comtesse de Drée présidente du Comité Français de secours à Neuchatel, nous avait suivis avec beaucoup de courage et de dévouement dans cette première expédition ; nous distribuâmes avec elle quelques dons en nature, à l'hôpital, aux sœurs de Saint-Maur et aux sœurs de Saint-Vincent-de-Paul. Quarante-huit heures plus tard, après nous être largement réapprovisionnés en objets de pansements, médicaments et vêtements, provenant de notre dépôt à Fontaine-lès-Châlons que nous avait expédié très rapidement M. Berthod, notre très obligeant délégué, joint aux envois considérables du Comité de Marseille et aux précieuses ressources du Comité des Dames de Neuchatel, nous traversâmes de nouveau les lignes prussiennes pour nous rendre à Pontarlier, où nous pûmes ravitailler l'hôpital et l'ambulance des sœurs de Saint-Maur qui, déjà, avaient profité de nombreux dons en nature que nous avait abandonnés l'ambulance volante de Saône-et-Loire à son passage en cette ville.

Dans cette deuxième expédition, nous fûmes assez heureux de pouvoir monter une ambulance complète qui manquait au fort de Joux, où se trouvaient enfermés les héroïques soldats qui ont protégé la retraite de notre artillerie en Suisse.

Nous remîmes, en effet, au commandant de la citadelle, qui nous en a chaleureusement remerciés, une grande partie du matériel neuf que venait de nous expédier le Comité de Marseille, entre autres vingt matelas laine, quarante draps de lit,

vingt couvertures laine, une caisse pantalons fla-
nelle, caleçons, etc., une caisse objets pansements,
une caisse pharmacie et une caisse chaussures,
galoches que nous avait remises Mme de Chateaure-
nard, ambassadrice à Berne. Aucune ambulance
militaire ne s'était arrêtée là pendant la retraite,
et le docteur Laval, qui desservait le fort, était dépourvu de tout. — Ce fut là le dernier trait de
dévouement de notre ambulance.

Le 3 mars, nous n'avions plus qu'une dizaine de
malades, presque convalescents, à l'hospice des
sœurs; la salle des Écoles était évacuée; les officiers,
logés chez M. le Consul, pouvaient rentrer en France.
Notre personnel et nous-même étions brisés
par les fatigues que nous avions supportées pendant ces quatre mois d'un hiver des plus rigou-
reux. Nous résolûmes de repatrier complètement
l'Ambulance du Midi; les quelques malades res-
tants furent confiés aux soins intelligents et éclai-
rés du docteur Cornetz de Neuchatel qui, avec une
confraternité peu commune, avait, comme nous
l'avons dit précédemment, largement contribué à la
bonne installation de nos soldats dans les salles de
l'hospice des sœurs.

L'Ambulance du Midi, partie de Neuchatel le 3
mars, arriva le 7 à Marseille, où, sur la présentation
de son administrateur en chef, le Comité lui fit un
accueil des plus flatteurs.

Elle avait fonctionné pendant quatre mois et
demi, créé vingt-cinq ambulances fixes, assisté à

plus de dix combats, suivi deux retraites désastreuses sur la Loire et dans l'Est, soigné près de quatre mille malades ou blessés! Comme chirurgien-major et administrateur en chef, nous pouvons affirmer hautement que tous les membres de l'Ambulance du Midi, sans distinction de grade, ont accompli leur mission avec zèle et grand dévouement; que chacun, suivant les fonctions qu'il exerçait, a su mériter avec les éloges de ses chefs la reconnaissance des soldats confiés aux soins de l'Ambulance.

DEUXIÈME PARTIE

I

De la composition et du fonctionnement de l'Ambulance du Midi.

L'Ambulance du Midi partit de Marseille avec un personnel assez nombreux, répondant au cadre suivant : Un Administrateur en chef (ne pouvant être pris que parmi les membres du Comité de Marseille) ; — un chirurgien en chef ; — trois chirurgiens-majors ; — deux pharmaciens-majors ; — dix aides-majors ; — dix sous-aides-majors ; — deux aumôniers (catholique et protestant) ; — deux comptables et onze infirmiers ; soit, quarante-deux membres.

Le matériel consistait en boîtes à pharmacie, appareils de chirurgie les plus divers, linges à pansements. Une pharmacie complétait ce que nous appellerons l'outillage des chirurgiens et pharmaciens.

A côté, se trouvaient placés tous les objets nécessaires à l'installation immédiate des blessés ; soit une grande tente au cas où il eût été impossible de cantonner les malades (tente que nous avons bien vite reconnu inutile, surtout pendant la campagne d'hiver que nous entreprenions), des fourreaux de paillasse, une série de petits matelas, des draps, des couvertures, etc., etc. Une collection d'instruments d'infirmerie en *gutta*, tels que pots à tisane, réservoirs, etc. Enfin, une cuisine complète et en dernier lieu un magasin de denrées alimentaires renfermant quantité de Liebig, conserves de légumes frais, légumes secs, sucre, café, alcool, etc.

Deux, puis, trois fourgons servirent exclusivement à transporter tout ce matériel.

L'Ambulance avait à sa suite, comme annexe, deux petites voitures-omnibus destinées à évacuer rapidement les blessés d'un point sur un autre.

Chaque membre de l'Ambulance, équipé comme le soldat, portait, sac au dos, les vêtements de rechange, sa trousse de cuisine, une couverture de

laine et un manteau imperméable contre la pluie,
vêtement très avantageux pour préserver de l'humidité lorsque les événements exigent de coucher
sur le sol.

D'ailleurs, tout le personnel était à pied; les
chevaux, au nombre de onze, n'ont servi qu'à
traîner les fourgons et les voitures de blessés.

En marche, l'Ambulance du Midi suivait en
colonne la division, recueillant les malades, pansant
les blessures accidentelles ou celles faites par l'ennemi à nos éclaireurs. A cet effet, un panier, dit de
secours, se trouvait placé sur chacune des deux
voitures de transport pour les blessés, (tout ayant
été organisé dès le début pour favoriser la division
du personnel de l'Ambulance en deux escouades.)
Les infirmiers portaient, en outre, un petit sac à pansements renfermant charpie, compresses, bandes,
éther, liqueurs toniques, laudanum, perchlorure
de fer, bandelettes, ciseaux, pinces.

Ces sacs ont rendu les plus grands services (pendant les étapes et sur le champ de bataille); toutefois, confectionnés en simple toile, il eût mieux
valu employer le cuir et leur donner la forme de
cartouchière attachée au ceinturon. Les objets à
pansements eussent été mieux à l'abri des intempéries de la saison. Sous ce rapport, les infirmiers
prussiens étaient mieux outillés que nous, avec
leurs doubles petites boîtes en cuir bouilli, véritable pharmacie de poche.

Pendant l'étape, les malades, les blessés, les

traînards mêmes, et ces derniers étaient nombreux depuis la création des armées de la dictature où l'on avait introduit une quantité de jeunes gens et de vieillards impropres au service ; tout ce monde trouvait place à tour de rôle dans nos voitures. Les secours médicaux que donnait ainsi notre Ambulance aux soldats de la division aidaient à la bonne tenue et à la régularité du service militaire. En effet, bien des malades rejoignaient directement leur rang après un ou deux jours de ce que nous pourrions appeler *séjour à l'infirmerie;* les autres étaient déposés dans les hôpitaux, ou dans une ferme, sous la surveillance d'un aide-major ou d'un simple infirmier, suivant la gravité de la maladie.

Mais arrive le jour du combat. A ce moment, le service des ambulances volantes comprend une organisation et une direction toute nouvelle et des plus étendues.

En effet, l'Ambulance du Midi, attachée à la 3me division du 20me corps devait secourir à la fois le soldat blessé :

1° Sur le champ de bataille et le relever ;

2° Installer ces mêmes blessés le plus rapidement possible dans un local voisin du lieu du combat où ils pouvaient recevoir les premiers secours (opération et pansements consécutifs);

3° Les transporter, après quelques jours de soins assidus, sur un point beaucoup plus éloigné, afin de les soustraire aux mille inconvénients très graves qui résultent de la présence d'hôpitaux de blessés au voisinage du théâtre de la lutte, inconvénients que nous mentionnerons bientôt. Ce dernier service n'est autre que le *service d'évacuation*.

Nous allons d'ailleurs reprendre l'un après l'autre chacun de ces trois services dont le fonctionnement est bien distinct.

Service du champ de bataille. — Dès que notre division était engagée, sur un ordre du général qui la commandait, l'Ambulance en était informée. Immédiatement un ou deux chirurgiens-majors se plaçaient à la tête d'une escouade composée d'un nombre suffisant d'aides, sous-aides-majors et brancardiers. Une de nos voitures, munie de la corbeille de secours et de brancards, marchait en tête d'un convoi de charrettes, chariots, voitures de toutes sortes amenés là par réquisition. — Les voitures, tant que dure le combat, stationnent à côté ou à cent mètres environ des batteries, suivant la disposition du terrain et la volonté du commandant d'artillerie, dont il est très important de ne point gêner le tir, comme cela nous est arrivé, par excès de zèle, au combat de Ladon (Loiret).

Les chirurgiens-majors, aides, sous-aides et brancardiers avancent seuls jusqu'à la ligne de bataille et pensent immédiatement les soldats blessés, qu'ils vont recueillir jusque sous le feu de l'ennemi, ou qu'on leur apporte dans les fermes et toutes les habitations situées sur le champ de bataille et où l'on fait flotter le drapeau des ambulances (1).

Une fois un premier appareil posé, les blessés vont eux-mêmes ou aidés des brancardiers se placer dans les voitures qui doivent les conduire immédiatement à l'Ambulance proprement dite.

Pour le transport des blessés, nous n'avons pas cru devoir faire usage de cacolets; nous nous sommes servis constamment de nos fourgons-omnibus traîné par deux chevaux vigoureux. — Les malades s'y trouvaient bien moins cahotés et plus rapidement installés. Dans le Loiret, et pendant la retraite sur la Loire, nous n'avons eu qu'à nous louer des bons offices rendus par ces voitures.

---

(1) Bien des personnes croient encore que le drapeau d'Ambulance est un signe de protection presque absolu. C'est là une erreur très grande. Pas plus que le brassard n'abrite sur le champ de bataille es médecins qui en sont munis, le drapeau blanc avec la croix de Genève ne protége complètement les établissements où il flotte. Le drapeau signale simplement au soldat blessé le lieu où il peut se présenter pour obtenir un premier pansement ou tout autre secours ; quant aux belligérants, nous les avons vus s'en occuper fort peu. C'est au chef d'Ambulance de communiquer sans cesse avec le chef militaire, afin de connaître à peu près la direction de l'attaque, ce qui lui permet de choisir pour établir son Ambulance, le point le plus rapproché de la lutte, en même temps que le moins exposé dans l'intérêt de ses blessés. C'est en ne pas tenant compte de cette obligation que quelques ambulances se sont trouvées dans le cours de cette guerre, exposées au feu d'un ennemi qui déjà n'était que trop porté à oublier toutes les lois humanitaires.

Même dans la retraite de l'armée de l'Est, à travers les montagnes des Vosges et du Jura jusqu'à la frontière Suisse, le service ne souffrit jamais de l'absence de cacolets.

Il nous a toujours été possible, et plus commode pour les blessés, de les faire transporter par les brancardiers jusqu'à nos fourgons, qui les entraînaient ensuite très promptement loin du champ de bataille.

L'escouade, que nous appellerons desormais *escouade du champ de bataille*, n'a pas terminé sa mission lorsque, la nuit close, les feux cessent dans les deux camps. Avec la chute du jour commence pour elle une nouvelle série d'actes de dévouement. *Le service de nuit s'établit.*

Pendant le jour, à travers la fusillade, on n'a pu relever constamment tous les blessés. Il faut revenir, à la faveur de l'obscurité, sur la ligne la plus avancée du champ de bataille, fouiller les bois, visiter les fossés, demander à tous ces corps étendus sur le sol, s'ils ont encore un souffle de vie.— Seul, ou accompagné de l'un de nos collègues, chirurgien-major, nous avons dirigé le plus souvent ces explorations nocturnes, qui ont laissé chez nous une impression profonde, surtout après les combats de Beaune-la-Rollande, de Bois-Commun et de Mezières (Loiret), d'où nous revînmes, ainsi que le chirurgien en chef, à trois heures de la nuit, avec plus de 40 charrettes renfermant près de 150 soldats blessés très gravement.

Service des Blessés à l'Ambulance. —Les militaires blessés recueillis et pansés une première fois sur le champ de bataille, étaient transportés, avons-nous dit, dans les locaux d'Ambulance installés le plus près possible du quartier général, c'est-à-dire, du centre d'action du corps d'armée.

Les bâtiments les mieux appropriés pour pouvoir y créer rapidement une Ambulance devaient être naturellement les plus vastes, les mieux aérés.

A ce titre, on choisissait en première ligne les écoles communales, les mairies, les églises et les établissements religieux, où à peu de frais l'on installait toujours très confortablement les blessés.

Il faut songer que cette malheureuse guerre contre la Prusse s'est passée en France et qu'ainsi nous n'avons pu vis-à-vis de nos concitoyens déjà bien assez éprouvés, user du droit de réquisition comme l'ont toujours fait et souvent avec trop de rigueur nos impitoyables ennemis.

Mais, hâtons-nous de dire à la louange des populations, qu'elles se sont montrées partout, sur le passage des troupes, très charitables pour les blessés. Aussi, avons-nous vu dans le plus grand nombre de villes où notre Ambulance a eu à organiser des services, à Bellegarde, à Bourges, à Dun-le-Roi, à Fontaines-les-Châlons, à Besançon, à Pontarlier, à l'Isle-sur-le-Doubs, les habitants venir nous offrir ce que nous n'aurions exigé d'eux.

Une fois munis du matériel nécessaire, le service de santé était rapidement installé.

Grâce au concours empressé de chacun, nos salles possédaient immédiatement une série de lits montés, sur lesquels reposaient les soldats les plus malades. On réservait ensuite, dans toutes les Ambulances, un vaste appartement que l'on garnissait d'une couche épaisse de paille, où venaient reposer les blessés et les militaires seulement exténués de fatigue et engourdis par le froid. Nos *turcos*, si malheureux au milieu des neiges, ont plus souvent que tous autres, profité de ces abris. D'ailleurs, de la paille parquée entre trois planches et un matelas dessus, permettait d'improviser en très peu de temps (deux ou trois heures) une Ambulance de 80 et 100 lits où le malade reposait parfaitement.

Les objets de literie, draps, couvertures, que renfermaient nos fourgons, notre matériel d'infirmerie, nos appareils, notre pharmacie, même les provisions de bouche pour les blessés, ont constamment suffi aux exigences de la situation.

La distribution des malades dans les diverses salles occupées par notre Ambulance, se faisait toujours de façon à séparer les blessés des fiévreux et à isoler les maladies contagieuses (variole, gale). Une seule fois, nous avons été réduits à entasser (c'est le mot) tous les malades dans les mêmes salles et dans le même lit, pendant plusieurs jours. C'est à l'hôpital de Pontarlier, où l'établissement construit pour ne contenir que 400 lits a dû abriter un moment *onze cents* malades!

Le service de la pharmacie était sous la direction du pharmacien-major qui, le plus souvent, avait à sa disposition l'officine de son collègue de la localité. Dans les petites villes nous accordions à tour de rôle à chacun des pharmaciens les fournitures de médicaments.

La tisanerie se faisait dans chaque Ambulance.

Quant à la cuisine des malades, elle était menée soit par le chef cuisinier de l'Ambulance, lorsque tout le personnel était réuni sur le même point comme à Bellegarde, soit confiée à une personne que l'Administrateur ou notre intendant choisissait et qui la plupart du temps n'a jamais voulu accepter qu'une très faible gratification.

Lorsque l'Ambulance se trouvait établie dans une communauté religieuse, comme à Fontaines (sœurs de Saint-Vincent-de-Paul), à Pontarlier (sœurs de Saint-Maur), à Neuchâtel (sœurs de Besançon et frères des écoles), la cuisine était confiée aux personnes religieuses de ces maisons dont le désintéressement est bien conuu. D'ailleurs, nous devons rendre justice aux intendants militaires de la 3e division du 20me corps, qui nous ont constamment fourni, lorsqu'on les leur a réclamées, les provisions alimentaires de nos malades et ceci même avant le décret qui accordait aux Ambulances de la Société Française, une rétribution de *un franc* par jour et par blessé. Nous ne pourrions en

dire autant de toutes les intendances militaires et de .
certaines autorités locales avec lesquelles non
seulement nous avons eu des difficultés (mairie de
Dun-le-Roi), mais que nous avons été obligé de
suppléer (Pontarlier, Isle-sur-le-Doubs).

C'est dans ces conditions d'organisation géné_
rale que nous avons pu créer pendant cette campagne, dont les derniers mois ont été si terribles
pour nos armées, 25 Ambulances où nous avons se-
couru 3,538 malades ou blessés.

Il ne nous reste plus qu'un mot à dire sur le service d'évacuation des blessés de l'Ambulance sur
une autre plus éloignée, ou sur les hôpitaux de
l'intérieur.

Service d'Évacuation. — Ce service est, pour l'Ambulance volante attachée à un corps d'armée, d'une
importance capitale. Obligé de suivre les mouvements de troupes, allant en avant ou se portant
en arrière, le service médical ne peut fonctionner
avantageusement et régulièrement qu'à la condition de n'avoir relativement qu'un petit nombre de
malades à soigner à poste fixe, afin de ne point
paralyser les mouvements de tout le personnel,
dont une partie doit toujours suivre les troupes en
marche. D'ailleurs, conserver un grand nombre de
blessés dans les Ambulances voisines du champ de
bataille, c'est exposer ces malheureux a être faits
prisonniers dans une retraite, ou les vouer à une
mort presque certaine, en cas de bombardement,

d'incendie et de sac de la ville; enfin, c'est surcharger l'intendance militaire qui a déjà bien assez à faire avec les soldats valides.

Les événements peuvent en diverses circonstances s'opposer à la création d'hôpitaux d'évacuation, et voici comment : — Les opérations militaires se multiplient sur le même point, les blessés peuvent en quelques jours, en quelques heures même, devenir si nombreux que tout le personnel de l'Ambulance se trouve retenu et absorbé par le service du champ de bataille et celui des locaux d'Ambulance improvisés aux environs. Nous nous sommes trouvés en butte à ces difficultés en avant d'Orléans à Bellegarde, à Pontarlier et à l'Isle-sur-le-Doubs. Dans ce cas, les malades ou les blessés transportables étaient réunis sur des voitures formant un long convoi que nous placions sous la surveillance d'un aide-major, chargé de l'accompagner jusqu'à l'hôpital le moins éloigné. Les établissements hospitaliers d'Orléans, Sully, Nevers, Bourges, Châlons, Besançon ont ainsi reçu un grand nombre de blessés auxquels nous avions accordé les premiers soins.

II

Distribution du personnel de l Ambulance du Midi.

Nous avons déjà parlé de la division de l'Ambulance en deux sections, et fait ressortir les avantages que nous en avons retirés au point de vue pratique. Nous allons indiquer très sommairement quelles étaient les attributions de chacun dans les services administratif et de santé.

La haute direction de l'Ambulance était partagée entre *l'Administrateur en chef* et *le Chirurgien en chef*. Le premier, représentant direct du Comité Marseillais, fondateur et organisateur de l'Ambulance, était investi des pouvoirs les plus étendus ; c'est à lui qu'incombait la direction des marches, le choix et l'organisation des locaux d'Ambulances, l'alimentation des blessés, le privilége des réquisitions, etc., etc. Le second avait sous sa responsabilité, la division des services médicaux et devait exercer une surveillance immédiate sur le personnel médical en fonction.

Disons-le, cette division du commandement fut une faute d'organisation dans notre Ambulance. Si elle n'a pas été nuisible à notre mission, grâce aux sympathies qui unissaient tous les membres, uons avons vu à côté de nous des Ambulances souffrir considérablement de ce double commandement.

Aussi, pensons-nous qu'une seule direction, celle de l'*Administrateur chirurgien*, doit être conservée, ayant sous ses ordres immédiats tout le personnel.

Les médecins-majors avaient sous leur direction une ou plusieurs salles, auxquelles étaient attachés *un aide* et un *sous-aide-major* spécialement chargés des pansements difficiles et pouvant seconder le médecin-major dans les grandes opérations (désarticulation, resection, amputation des membres); ou le suppléer quelquefois dans les cas de petite chirurgie (extraction de balles, amputation de doigts).

Les infirmiers titulaires de l'Ambulance du Midi n'ont jamais eu qu'un rôle assez secondaire. Si nous avons à nous louer de leur dévouement et des services que quelques-uns ont rendus au moment de l'action, il n'est pas moins vrai que, en marche, leur présence est souvent une gêne et toujours un surcroît de dépense sans compensation bien réelle.

En principe, le corps d'infirmiers attaché aux Ambulances volantes doit être restreint le plus possible. N'a-t-on pas pour les suppléer, en route, les cochers? dans les salles de service, les soldats les moins malades, les convalescents et enfin les personnes dévouées qui ne manquent jamais de s'offrir et que l'on rencontre partout?

En dehors du service médical et chirurgical existe un service d'administration très important; c'est aux *intendants* et aux *comptables* que revient le soin de surveiller la bonne distribution des rations, l'achat, l'installation du matériel de chaque service ; dresser les listes d'entrée et de sortie des malades ; prendre note des dépôts d'armes, d'argent et de vêtements ; d'écrire aux familles des blessés.

Comme supplément à cette organisation, signalons le concours très actif que nous ont prêté nos concitoyennes et les secours fournis par les communautés religieuses, dont le dévouement pour les blessés fut à toute épreuve. Toutefois, il est bon de surveiller et modérer parfois le zèle de ces cœurs compatissants. Au reste, nous avons constamment soumis à un règlement les visites des personnes étrangères au service des blessés, fixant nous-même les heures de ces visites et défendant toujours d'enfreindre les prescriptions médicales.

Soumis à une règle sévère, nous n'avons jamais eu aucun accident fâcheux à regretter ; quant à l'effet moral produit par les soins ainsi partagés avec les bienfaiteurs ou bienfaitrices, il était immense chez nos soldats, principalement dans les derniers temps.

Pendant les quatre mois d'hiver où l'Ambulance du Midi a tenu campagne, nous avons eu à nos soins non-seulement les malades ou blessés de la 3me division, mais encore d'une partie de ceux des 17me, 18e, 20e et 24me corps composant les armées de la Loire ou de l'Est, auxquels nous étions attachés. Aussi le nombre de blessés et de journées de maladie, au compte de l'Ambulance, a-t-il atteint un chiffre assez important, comme on le verra dans le tableau détaillé que voici :

VILLE	LOCAL D'AMBULANCE	BLESSÉS	JOURNÉES de maladie
Bellegarde (Loiret)	Château Galopin.......... Ecole communale......... Maison télégraphe......... Maison Picaud,............ » Deslandes......... » Grivot............ La Grange.............. Salle Thiercelin...........	561	1,528
Cambreux.......	Château Larochefoucault...	17	104
Saint-Martin.....	Maison Rocher............	16	22
Dun-le-Roi......	Ecole communale......... Hôtel Margot............. Maison Notaire...........	63	418
Fontaines (les Châlons).........	Ecole des Sœurs.......... Château Berthod..........	19	71
Pontarlier.	Hôpital.................. Sœurs Saint-Maur......... Ecole des Frères.......... Salle de la Gare..........	1,829	2,252
Isle-sur-le-Doubs.	....	950	3,143
Neuchâtel (Suisse)	Sœurs Providence......... Ecole des Frères.......... Maison de Drée...........	83	898
		3,538	8,436

Il est bien entendu que ce total de 3,538 blessés ou malades, soignés par l'Ambulance du Midi, représente seulement le nombre de militaires ayant séjourné dans nos divers services, et ne comprend nullement ceux, bien plus nombreux, qui, blessés légèrement, ont été pansés, sur les champs de bataille, pendant les marches ou dans les campements.

III

Résumé des Comptes de l'Ambulance

—

Malgré les frais nécessités par le grand nombre de malades, ceux rendus obligatoires par suite des retraites constantes de nos armées qui exigeaient de fréquents déplacements et chaque jour une nouvelle installation ; malgré les dépenses supplémentaires pour l'alimentation des militaires non malades, mais isolés de leur corps et manquant de tout, l'Ambulance du Midi a fonctionné pendant quatre mois avec un encaisse très peu considérable, comme on pourra s'en assurer par l'exposé pur et simple de ses comptes apurés par le Comité de Marseille.

EXPOSÉ

L'Ambulance du Midi, à son départ de Marseille, reçut du Comité la somme de. F. 35,000 »

En janvier, M. le trésorier du Comité remit à Marseille, à M. Ménécier, administrateur en chef de l'Ambulance.......... 3,000 »

En février, M. le Président du Comité vint à Neuchâtel (Suisse) ravitailler l'Am-

A reporter..... F. 38,000 »

Report........ .... F.	38,000	»
bulance, et laissa de nouveau à M. Ménécier, administrateur en chef..........	2,500	»

Pendant la campagne, M. Ménécier, comme administrateur, reçut de diverses personnes reconnaissantes envers l'Ambulance du Midi, plusieurs dons en argent s'élevant à la somme totale de......... 450 »

L'Avom de l'Ambulance, pendant la campagne, s'éleva, par suite, à la somme totale de............................ F. 40,950 »

Les dépenses réglées au 20 mars 1871, pour toute la durée de la campagne, s'élevaient à 36,578 95

Sur cette somme, il revient, comme gérance directe, à M. Ménécier, administrateur en chef, *en campagne*............ 30,202 95

Id. id. id. solde à Marseille. 438 90

Escouade Sabatier. — Intendant Barthélemy............................ 5,937 10

Somme égale....... F. 36,578 95

RÉSUMÉ :

La caisse étant représentée par........ 40,950 »

Les dépenses par.................. 36,578 95

L'Ambulance du Midi doit au Comité de Marseille fondateur. .... F. 4,371 05

TROISIÈME PARTIE

Exposé sommaire des Travaux de Médecine et de Chirurgie de l'Ambulance du Midi [1]

Le cadre forcément restreint de ce rapport général ne nous permet point d'aborder une étude complète des travaux de médecine et de chirurgie de l'Ambulance du Midi; nous nous réservons, toutefois, d'y revenir prochainement; ayant colligé avec

[1] Dès les premiers jours de la rentrée de l'Ambulance du Midi, le Comité de Marseille avait sollicité du chirurgien en chef un rapport médical et chirurgical. A cet effet et pour permettre à M. Sabatier de conduire à bonne fin ce travail, le Comité avait offert de communiquer tous les documents recueillis dans les divers services, en y joignant les observations personnelles de M. Ménécier pour la section de l'Ambulance qu'il avait dirigée. Pendant longtemps . tous ces renseignements ont été ;tenus à la disposition de M. Sabatier, dans les archives du Comité. Toutes les sollicitations n'ayant pu aboutir auprès du chirurgien en chef, le Comité a prié M Ménécier de dresser un exposé des travaux de médecine et de chirurgie de l'Ambulance, afin de compléter ce rapport général.

(Note du Comité de Marseille.)

soin, durant toute la campagne, les observations médicales et chirurgicales des nombreux services placés sous notre direction immédiate, pour le moment, nous nous contenterons d'en donner un exposé sommaire que nous diviserons en deux chapitres.

I

De l'hygiène du soldat et des maladies qui ont sévi pendant les retraites de la Loire et de l'Est, jusques et y compris le séjour en Suisse.

L'Ambulance du Midi a inauguré cette campagne d'hiver de septembre 1870 à février 1871, si désastreuse pour notre 2me armée. En effet, les soldats les plus aguerris venaient d'être enlevés à la défense du sol français par les désastres de Sedan et la reddition de Metz.

Cependant, le cri de *guerre à outrance* à peine poussé, de nouveaux contingents étaient réunis et une nouvelle campagne commençait.

Le corps de Santé Militaire, en grande partie désorganisé, le gouvernement de la Défense nationale fut très heureux d'accepter le concours des Ambulances volantes de la *Société française de secours aux blessés*, qui vinrent ainsi suppléer immé-

diatement au désarroi inévitable de l'administration de la guerre, en lui fournissant un personnel
important qui pût supporter, le plus souvent, tous
les frais inhérents aux services des blessés.

Les nouvelles troupes auxquelles nous allions
donner nos soins se trouvaient placées dans des
conditions d'hygiène bien différentes de celles qui
avaient composé notre première armée.

A Chagny (Saône-et-Loire), 22 novembre 1870, où
commencent nos premières observations, nous
étions déjà en butte à une température à peu près
constante de — 4°, — 5° et — 7° centigrades. Le
vent, la pluie et la neige se succédaient sans inter-
ruption.

En ce moment, que faisait-on pour protéger nos
soldats contre ce nouvel et terrible adversaire : *le
froid?*

A-t-on tenu compte des enseignements du passé ?
L'a-t-on fait, surtout, au point de vue de la santé
du militaire, qu'il nous est permis de seul discuter
ici ?

Il est certain que la pluralité des nouveaux contingents (mobiles, francs-tireurs et mobilisés)
étaient peu vêtus : le plus grand nombre n'avaient ni
capotes, ni manteaux ; ne portaient que des chaussures très insuffisantes qui ne les garantissaient
aucunement du froid glacial des nuits, passées sous
la tente sans une botte de paille, et par —10°, —
—12° et — 22° centigrades, comme nous les avons
vus à Sully, Bourges, Saint-Martin, Ornans, Pon-

tarlier, les Verrières. — Joignez à ce complet dé-
nûment de vêtements appropriés à la saison, les
excès d'une débauche auxquels l'indiscipline laissait un libre cours, et l'on ne sera plus étonné de
voir notre 2me armée hésiter devant des soldats
parfaitement disciplinés, nourris à nos dépens,
admirablement vêtus, et reposant le plus souvent,
la nuit, dans nos fermes, nos maisons, nos châteaux,
où ils trouvaient même le confortable.

On comprendra donc facilement que ces mêmes
soldats, constamment en marche forcée du Midi à
l'Est, de l'Est au Centre, du Centre à l'Est, aient
été, plus encore que ceux de l'ennemi, en butte à
bien des maladies et surtout à la nostalgie.

Ainsi, du 2 au 15 novembre, les troupes réunies
dans la plaine de Chagny, où se trouvaient des mobiles vêtus de leur seule blouse bleue, reposaient
encore sous la tente, sur un lit de ceps de vigne,
qui les protégeait peu, on en conviendra, de l'humidité du sol, constamment couvert de neige ou
détrempé par les pluies. Aussi, les pleurodynies,
les pleurésies, les angines tonsillaires, les otites,
les coryzas, les bronchites, les coliques, les rhumatismes, toutes ces maladies enlevaient-elles à
nos bataillons de marche leurs meilleurs soldats.
L'hôpital ne suffisait plus.

Plus tard, à Gien, et enfin à Bellegarde, avant le
combat de Beaune-la-Rolande, les pluies fréquentes,
la neige et un froid de — 16° centig., joints à des
fatigues toujours plus grandes, firent augmenter

le nombre des rhumatismes, des catarrheux, des diarrhéiques et des typhoïques.

Près de 400 malades fiévreux rentrèrent dans les divers services de l'Ambulance; un plus grand nombre fut évacué directement sur Sully, Châteauneuf et Orléans, après avoir reçu les premiers secours. A quelques jours de là, pendant la retraite de la Loire, à Saint-Martin, à Allony et devant Bourges, la température (— 18° centig.) ne permit plus de coucher impunément sous la tente: les troupes bivouaquaient; très souvent le froid et l'humidité empêchèrent d'allumer les feux indispensables pour se réchauffer ou faire le café. Aussi, malheur à celui qui, brisé de fatigue, se laissait aller au sommeil : il s'endormait le soir pour ne plus s'éveiller.

Nous avons vu, pendant cette retraite, des soldats obligés de porter sur leur sac des provisions de guerre et la nourriture pour plusieurs jours, fléchir sous la charge. A la suite de gels et dégels successifs, les vivres, qu'ils avaient transportés au prix de bien de fatigues, ne furent plus d'aussi bonne qualité. Dès-lors apparurent, plus nombreuses, toutes les maladies des voies digestives, dyspepsies, coliques, diarrhées, fièvres muqueuses, fièvres typhoïdes.

Les affections de la peau se montrèrent aussi : eczéma, acné, furoncles, anthrax. Nous soignâmes bon nombre d'érysipèles graves des membres inférieurs. C'est à cette maladie (érysipèle phlegmoneux de la jambe) que nous dûmes la perte de notre infirmier Mangin, mort à Dun-le-Roi. Quant aux diarrhées et aux bronchites, peu de soldats en étaient exempts.

Dès cette époque (décembre), la variole prit une extension de plus en plus sensible ; plusieurs officiers, même de l'état-major, en furent atteints, et cela parce qu'ils étaient souvent obligés de partager le même lit de paille où couchait le simple soldat.

L'anémie fit aussi de rapides progrès ; les hémorrhagies devinrent fréquentes ; les accidents typhoïdes de moins en moins rares.

Chose remarquable, malgré l'intensité du froid, jusqu'ici les cas de congélation des extrémités étaient légers et peu nombreux ; à Bellegarde, nous n'eûmes que 35 cas environ ; à Fontaine-les-Châlons, par contre, tous les soldats avaient déjà les orteils plus ou moins atteints ; la retraite de la Loire et le séjour au milieu des neiges aux environs de Bourges, produisit ce résultat. La nouvelle de la reprise d'Orléans et les étapes forcées sur la Loire, jetèrent un nouveau découragement parmi les soldats ; la nostalgie s'empara d'eux, et les cas de réforme par accident se multiplièrent.

A ce moment, le ministre de la guerre, L. Gambetta, honore l'armée de sa visite et félicite l'Ambulance du Midi à Saint-Martin. Le ministre peut, par lui-même, juger des souffrances physiques et du découragement de nos troupes.

Cependant, on nous assure que cette visite va porter ses fruits, et que dorénavant le soldat, au lieu de camper sous la tente, sera cantonné chez l'habitant. — En effet, quelques jours de repos, de Bourges à Fontaines-les-Châlons, sont accordés à nos troupes, qui viennent de passer sous les ordres du général Bourbaki. On distribue aux plus nécessiteux quelques effets d'équipement, tels que manteaux et chaussures.

Pendant ce temps, notre Ambulance ne reste pas oisive : installée à Dun-le-Roi et à Fontaines, elle recueille nombre de pieds gelés, de bronchites, de diarrhées, de peumonies, de varioles et quelques rares blessés.

De toutes les maladies, la plus meurtrière est la variole, qui a pris complètement le caractère hémorrhagique ; elle enlève plusieurs soldats ; nous lui devons, à Fontaines, la mort de C. Lassale, le plus zélé de nos aides-majors. Notre brave infirmier Mitanché en est également atteint à son tour, mais il guérit très heureusement.

Lorsque nos troupes effectuent leur mouvement vers l'Est, elles rencontrent une température sybérienne et rien n'a été changé dans le vêtement du soldat. C'est toujours la même chaussure insuffisante, les couvertures de laine ou les toiles de tentes qui, percées au centre pour laisser passer la tête, servent à abriter, très incomplètement, les épaules. Aussi, avant d'arriver à Villersexel, après quatre journées passées dans la neige avec un froid de — 20° à — 22 centig., un grand nombre de nos soldats n'ont plus de souliers, quelques-uns empruntent des sabots à la pitié des habitants; ce sont les plus favorisés; d'autres déchirent leurs capotes ou sacrifient leurs ceintures de laine pour s'entourer les pieds et les jambes.

Obligée de se retirer devant l'ennemi après une lutte des plus glorieuses, une partie des corps composant l'armée de Bourbaki arrive à Pontarlier exténuée de fatigue, de faim et de froid. Une fois la frontière suisse atteinte, la misère est bien grande.

Pendant cette dernière retraite, on pourrait dire qu'il y a eu autant de malades que de soldats. La grippe (rhume Bourbaki) et les congestions des extrémités dominent; viennent ensuite les bronchites capillaires, les pleuro-pneumonies, les congestions pulmonaires et cérébrales, les érysipèles, la diarrhée, les dyssenteries typhoïdes. Plus de 900 de ces malades étaient couchés dans nos services à Pontarlier.

De plus, l'ambulance de Neuchâtel, où se trouvèrent réunies les affections les plus graves, eut quelques cas de typhus rapidement mortels.

Malgré le grand nombre de maladies, le chiffre de décès n'a jamais été très élevé. Tant que nos soldats ont été en France, ils ont lutté victorieusement contre tous les maux. La variole seule a commis des ravages. — Mais les troupes, à leur passage en Suisse, furent frappées très cruellement.

La misère physiologique fit de tels progrès que plusieurs se laissaient mourir sur la neige ou succombaient dans le transport du campement à l'ambulance. — L'autorité suisse nous a ainsi évacué plusieurs cadavres des Terraux à l'ambulance de la Providence, distante d'environ 800 pas.

Les soins médicaux ont dû nécessairement varier suivant la maladie que l'on avait à traiter et les formes qu'elle revêtait.

Quant aux règles d'hygiène, on les a observées très ponctuellement dans tous les services d'ambulance. — Dans ce but, les entrants étaient soumis à une toilette à peu près complète : on renouvelait principalement leur linge de corps. — Quant à l'alimentation, elle a toujours été essentiellement reconstituante, grâce, d'une part, aux provisions de viande fraîche que nos intendants ont toujours pu se faire délivrer, soit à nos réserves de conserves Liébig, dont le Comité de Marseille nous avait abondamment pourvus. Les boissons que l'on servait étaient désaltérantes, assez souvent toniques, mais très peu excitantes, sauf dans quelques indications particulières. — Nos communications avec le *Comité fondateur* eurent encore un avantage, celui de nous permettre d'avoir presque constamment à notre disposition des citrons et des oranges, qui ont rendu des services exceptionnels à tous les malades et blessés de l'Ambulance, notamment dans les cas de fièvres typhoïdes et dans le pansement des plaies atoniques.

Quant aux médicaments dont nous pouvions disposer, on n'en fit point abus ; l'arsenal pharmaceutique que nous avions à notre départ de Marseille fut bien vite modifié et simplifié dès l'ouverture de nos premières ambulances à Bellegarde.

En dernier lieu, les médicaments que nous avions constamment sous la main se réduisaient à un très petit nombre ayant fait leurs preuves. Le kermès et l'ipéca, dans les affections des bronches ; l'alcool et la digitale, contre la pneumonie ; l'opium, le bismuth, l'alcool, le quinquina, dans les maladies des voies digestives ; le perchlorure de fer et l'extrait de quinquina à haute dose, dans les cas de fièvre typhoïde ; enfin, la glycérine et le vin aromatique, dans le pansement des plaies et principalement dans les cas de congélation.

La température de nos salles d'ambulance ne dépassait point habituellement + 15° centig.

Les salles n'étaient chauffées qu'exceptionnellement au moins dans les ambulances de Bellegarde, Dun-le-Roi, Fontaines, Pontarlier et Neuchâtel.

Nos malades, bien couverts dans leurs lits, s'accommodaient parfaitement de cette température, alors que le thermomètre descendait à l'extérieur jusqu'à — 21° centig.

D'ailleurs, grâce à tous les bons soins hygiéniques employés par les chefs de service dans les diverses salles, aucune épidémie n'a sévi au milieu des malades. — Nous avons noté même, à Neuchâtel, que les soldats entrants, atteints de fièvres typhoïdes au début, marchaient très rapidement vers la convalescence.

II

Statistique des blessés pendant la campagne.

Il nous reste à vous entretenir des blessés soignés par l'Ambulance du Midi après les diverses batailles auxquelles elle a assisté.

Ici nous regretterons plus que jamais de ne pouvoir céder la plume au chirurgien en chef qui, à l'Isle-sur-le-Doubs, est demeuré, pendant un mois, au milieu des lignes prussiennes, soignant nos malheureux blessés prisonniers et y pratiquant de nombreuses opérations, tandis que nous-même nous dirigions les services de blessés et de malades de Pontarlier et de Neuchâtel. Toutefois, les documents que nous possédons seront suffisants pour nous permettre de donner ici un aperçu général de tous les cas de chirurgie traités pendant cette campagne.

Le nombre des *blessés* seuls, recueillis et opérés par les soins de l'Ambulance du Midi, s'est élevé à 1,100 environ.

En voici le recensement et le classement.

Maladies soignées à l'armée de la Loire et pendant la retraite d'Orléans, du 4 novembre 1870 au 15 janvier 1871, sur 677 malades ou blessés :

Rhumatismes	41	*Report*	340
Bronchites	40	OEdème jambe	8
Diarrhée	36	Ophthalmie	6
Fièvre catarrhale	35	Syphilis	6
Congélation extrémité	35	Adénite suppurée	4
Variole	21	Contusions par accidents	4
Entorse	21	Sciatique	4
Dyssenterie	20	Phthisie	3
Coliques	15	Ictère	3
Fièvre muqueuse	13	Phlegmon	3
Embarras gastrique	12	Erythème des jambes	2
Angine	12	Hernie	2
Pneumonie	12	Gale	2
Fièvre intermittente	10	Panaris	2
Pleurésie	9	Anthrax	2
Erysipèle	8		
			398
A reporter	340		

ARMÉE DE LA LOIRE.

BLESSURES PROPREMENT DITES :

Coup de feu :		*Report*	367
Crâne	12	Grandes articulations	30
Face	9	Eclat d'obus, toutes régions	32
Main et avant-bras	48	Fractures des os longs	12
Bras et avant-bras	72	Coup de sabre tête	4
Pied et jambe	24	» jambe	1
Cuisse	116		
Lombe, fesse et hanche	26		446
Abdomen	13		
Poitrine	22	Six décès pendant le même laps de temps.	
Epaule	25	Les opérations n'ont donné lieu à aucun décès.	
A reporter	367		

De Fontaines à Neuchâtel, sur 1964 malades ou blessés

Pieds gelés	448	*Report*	1605	
Sciatique	1	Pneumonie	22	
Congestion cérébrale	3	Sciatique	1	
Entorse	10	Otite	1	
Varicocèle	1	Coliques	5	
Diarrhée	171	Variole	40	
Dyssenterie	303	Ophthalmie	5	
Rhumatisme	175	Embarras gastrique	13	
Bronchite	182	Gastralgie	31	
Angine	5	Anémie	26	
Erysipèle	3	Abcès	7	
Fièvre catarrhale	160	Panaris	4	
Epistaxis	4	Orchite	9	
Phthisie hémoptysie	13	Ictère	6	
Varices	1	Adénite	1	
Varicocèle	1	Laryngite	4	
Hernie	27	Syphilis	18	
Hypertrophie cœur	1	OEdème jambe	15	
Fluxions diverses	7	Prurigo	3	
Fièvre typhoïde	26	Hémorrhoïde	3	
Fièvre intermittente	25	Gale	1	
Néphrite	2	Acui	1	
Pleurésie	25	Hené	2	
Contusions	11			
			1823	
A reportes	1605			

BLESSURES PROPREMENT DITES.

Coups de feu :		*Report*	117
Tête	7	Eclats d'obus, toutes régions	19
Epaule	6	Fractures os longs	4
Jambe	19	Coup de sabre	1
Bras	13		
Face	3		141
Mains	41		
Pied	18		
Cuisse	3	Dix-sept décès dont quinze en Suisse.	
Abdomen	4		
Poitrine	3	Les opérations n'ont donné lieu à aucun décès.	
A reporter	117		

*Sejour à Avilley, Villersexel, Lisle-sur-le-Doubs,
sur 950 malades ou blessés.*

Contusions	22	*Report*	468
Entorse	7	Gastrite	4
Pieds brûlés	3	Artrite genoux	1
Congélation des extrémités	127	Pneumonie	10
Diarrhée	10	Panaris	2
Bronchite	135	Furoncles	1
Dyssenterie	20	Œdème jambe	10
Fièvre typhoïde	4	Variole	77
Ophthalmie	1	Syphilis	1
Rhumatisme	53	Hernie	4
Pleurésie	9	Panaris	1
Fièvre intermittente	14	Ictère	1
Fièvre catharrhale	42	Eczéma	1
Angine couenneuse	2		
Cong. cérébrale	1		**581**
Erysipèle	1		
Abcès	4		
Embarras gastrique	15		

A reporter. 468

250 militaires malades ou blessés
environ n'ont fait que passer
dans l'ambulance qui les a pansés et évacués immédiatement
sur Clerval.

BLESSURES PROPREMENT DITES.

Coups de feu :		*Report*	237
Poitrine	12	Jambe	33
Epaule	15	Poignet	4
Hanche, fesse	8	Face	9
Tête	10	Eclats d'obus, toutes régions	105
Cuisse	39	Fractures	15
Bras	30	Luxations	5
Abdomen	3	Coups de lance	2
Genou	10		
Coude	7		**410**
Pied	26		
Main	67		
Doigt	10		

A reporter. ... 237

12 décès environ, soit parmi les
malades, soit chez les opérés
les plus graves.

Il ressort nettement de ces tableaux que les blessures par armes à feu ont été les plus fréquentes.
Rarement nous avons eu à constater des plaies par
armes tranchantes. Le fusil à aiguille a fait du mal
dans les rangs de nos soldats ; mais en comparant
les blessés prussiens aux nôtres, nous avons cons-
taté toutefois plus de gravité chez les leurs. A dis-
tance égale, dans plusieurs engagements, principalement à Ladon et à Bois-Commun, où nos soldats visaient très juste, ils atteignaient l'ennemi
en pleine poitrine ou à l'abdomen, tandis que les
balles prussiennes frappaient nos fantassins toujours très bas, dans les jambes et rarement à la
face, lorsqu'ils étaient debout. Dans le premier
cas, ils ne leur faisaient alors qu'un séton n'intéressant que les parties molles, la balle glissant
facilement sur les gros os.

Les fractures comminutives étaient de beaucoup
plus fréquentes chez nos ennemis.

En général, les désordres, même étendus, occa-
sionnés par la balle conique dans les parties molles
qu'elle traverse, se réparaient très vite. Ainsi, nous
avons vu de nos tirailleurs frappés à l'épaule, dont
nous avons extrait la balle à la région lombo-dor-
sale; d'autres, atteints à la hanche, et dont la balle
ne s'était arrêtée qu'au condyle du fémur, par-
courant ainsi dans les muscles un espace de 45 à
50 centimètres; les sétons étendus guérissaient
le plus souvent sans infirmités et très rapidement.

Ainsi, bon nombre de soldats, ayant un séton du

bras, du mollet, de la cuisse, reprenaient les armes après six ou sept jours d'ambulance.

Les blessures de la main, de l'avant-bras et les lésions des articulations ont nécessité quelques opérations graves (amputation, désarticulation ou résection), qui, presque toutes, à notre connaissance, ont réussi parfaitement.

Les plaies pénétrantes de l'abdomen, de la tête et de la poitrine, ont donné très peu de décès.

L'artillerie, qui a fait tous les succès de nos ennemis, si elle n'a pas commis dans nos rangs des ravages aussi étendus qu'on pourrait le croire de prime abord, n'en est pas moins une arme de guerre des plus meurtrières.

En dehors de la terreur que sème le boulet ou l'obusier sur son passage ou lorsqu'il éclate, ses effets en sont terribles.

Rien d'affreux comme un combat d'artillerie ; on ne retrouve après la lutte que soldats défigurés et tronçons de membres dispersés.

Les blessures par éclat d'obus ont donc toujours été très graves ; elles ont nécessité, lorsqu'elles atteignaient les membres, presque toujours une amputation ; et lorsque les parties molles seules étaient atteintes, on ne pouvait obtenir la cicatrisation qu'après un long traitement, et souvent au prix d'infirmités plus gênantes que la perte d'un membre.

Après les victimes du projectile, il nous faut ajouter celles du froid, qui n'ont pas été les moins

nombreuses ; plusieurs cas de congélation ont nécessité, à Pontarlier, des amputations partielles
des membres supérieurs et inférieurs.

Le nombre des opérations, amputations, désarti-
culations, résections, extractions de balles, fractures simples ou comminutives, opérations diverses
pratiquées dans l'ambulance pendant la campagne,
est très élevé ; nous en donnerons la statistique
exacte dans un travail scientifique que nous publie-
rons prochainement.

Arrivé au terme de cet exposé des travaux de
l'Ambulance du Midi, qu'il nous soit permis, au
nom de tout le personnel, d'adresser nos sincères
remerciements aux Membres du Comité fondateur
de Marseille, à M. de Villeneuve-Bargemont, à M. de
Billy, délégués régionaux, ainsi qu'à toutes les personnes charitables qui, de près comme de loin,
ont concouru au succès de notre œuvre de dévouement et de charité.

TABLE DES MATIÈRES

—

1re PARTIE.

2me PARTIE.

3e PARTIE.